Henning Lühr | Lothar Spielhoff

Internationales Kartoffel Kochbuch

87 Rezepte aus 42 Ländern

Mit Illustrationen von Udo Reinfeld, Henning Lühr und Ulrike Zipp

Kellner Verlag
Bremen Boston

Dieses Buch ist bei der Deutschen Nationalbibliothek registriert.
Die bibliografischen Daten können online angesehen werden:
http://dnb.d-nb.de

Argentinien	patata	**Kolumbien**	patata/papa	**Rumänien**	cartof
Australien	potato	**Kroatien**	krumpir	**Russland**	Картофель
Brasilien	patata	**Kuba**	patata	**Schweden**	potatis
China	tǔdòu	**Madagaskar**	ovy	**Schweiz**	Herdapfel
Deutschland	Kartoffel	**Mauritius**	pomme de terre	**Spanien**	patata
Engand	potato	**Mexico**	papa	**Syrien**	اطاطب
Finnland	peruna	**Neuseeland**	potato	**Thailand**	มันฝรั่งหัวอ่อน
Frankreich	pomme de terre	**Nicaragua**	patata	**Tschechien**	brambora
Georgien	კარტოფილი	**Niederland**	aardappel	**Türkei**	patates
Indien	आलू	**Norwegen**	potet	**Turkmenistan**	Картофельная
Irland	potato	**Österreich**	Erdäpfel	**Ukraine**	Картопля
Italien	patata	**Peru**	papa	**Ungarn**	Burgonja
Iran	سیبزمینی	**Polen**	ziemniak	**USA**	potato
Japan	たとえばバンベ	**Portugal**	batata	**Vietnam**	Khoai tây

Die Illustrationen stammen von:

(UR) Udo Reinfeld
(HL) Henning Lühr
(UZ) Ulrike Zipp

St.-Pauli-Deich 3 | 28199 Bremen
Tel. 0421 77866 | Fax 0421 704058
sachbuch@kellnerverlag.de
www.kellnerverlag.de

Layout und Korrektorat: KellnerVerlag
Umschlag: Designbüro Möhlenkamp, Bremen

ISBN 978-3-95651-46-5

Inhaltsverzeichnis

Vorwort der Autoren

Kartoffeln können gekocht, gebraten, frittiert, gebacken, gerieben, zerdrückt werden. Sogar als Stempel nutzen sie Kindergartenbesucher gern. Von der Verwendung in der Kunst ganz zu schweigen (siehe zum Beispiel »Kartoffelpolke« im Kapitel »Sprachliches«). Diese sehr vielfältigen Formen der Nutzung unterscheiden sie von anderen essbaren Pflanzen. Die Vielfalt vergrößert sich gar noch, wenn auch die unterschiedlichsten Zubereitungsarten bei oder nach der Grundbehandlung mit einbezogen werden.

Die unterschiedliche Verwertung der Kartoffel zeigt sich auch in der Breite ihrer Verwendung von der Vorspeise bis hin zum Dessert, und zwar in der gesamten Welt. Letzteres ist das Thema dieses Buches. Denn die Kartoffel ist nicht, wie man angesichts der vielen deutschen, auch klassischen Zubereitungsarten meinen könnte, eine hauptsächlich hierzulande verwendete Knolle. Ein Blick in das Inhaltsverzeichnis macht deutlich, dass auf allen Kontinenten, die Antarktis ausgenommen, die Kartoffel aus der Küche nicht wegzudenken ist. Das gilt, wie gezeigt wird, auch für die Reis- und Nudelregionen dieser Welt, vielleicht am wenigsten noch für Japan. China und Indien sind sogar die größten Kartoffelproduzenten der Welt. Nicht zuletzt ihr hoher Nährwert hat zu ihrer weltweiten Verbreitung von Südamerika über Europa bis hin nach Asien und Australien geführt.

Von Nährwert wird allerdings nichts zu lesen sein. Die Geschmacks- und Verwendungsvielfalt der unterschiedlichen Gerichte steht im Mittelpunkt. Dabei zeigt sich, dass, wenn die Kartoffel die Hauptrolle spielt, es sich häufig um vegetarische Gerichte handelt. Auffällig ist auch, dass der deutsche »Beilagencharakter« der gekochten Kartoffel anderswo keine solche bestimmende Rolle spielt. Aber auch hierzulande ist der Kartoffel seit langer, langer Zeit eine Hauptrolle in vielen Gerichten zugewachsen. Sie ist meist keine Sättigungsbeilage mehr.

Allerdings spielen in einem Kochbuch mit Rezepten aus anderen Ländern deutsche Gerichte nur eine Minderheitenrolle. Sie sollen ausländische, der deutschen Sprache mächtige Köchinnen und Köche jedoch verführen, sie in ihre Heimatländer zu exportieren, so wie dieses Buch anregen soll, Rezepte aus vielen Ländern der Welt auch hier auszuprobieren.

In allen Rezepten gibt es einen Hinweis, welche Kocheigenschaft die zu verwendende Kartoffel haben sollte. Eine völlig unverbindliche Empfehlung für die zu verwendende Kartoffelsorte schließt sich bis auf wenige Ausnahmen an.

Alle Rezepte sind für vier Esser angelegt, es sei denn, vor den Rezeptangaben ist etwas anderes vermerkt. Vegetarische beziehungsweise vegane Rezepte sind mit einem »V« gekennzeichnet.

Allen an der Entstehung dieses Buches Beteiligten, dem Autor Franz-Josef Krötz, allen Beratern, Übersetzer/innen, den Künstlern Udo Reinfeld und Ulrike Zipp sowie dem Team vom KellnerVerlag sei an dieser Stelle herzlich gedankt.

Dieses Buch ist ein Gemeinschaftsprojekt und die Honorare werden für einen guten Zweck gespendet.

Henning Lühr
Lothar Spielhoff

LR

Kleine Kulturgeschichte der Kartoffel – eine Pflanze mit Migrationshintergrund

Die Kartoffel gehört zu der aus Südamerika stammenden Familie der etwa 190 Nachtschattengewächse. Mit Familie sind nicht die verschiedenen Kartoffelsorten gemeint (über diese findet sich einiges im nächsten Kapitel). Zur Familie gehören zum Beispiel auch die Tomate, der Tabak und die Paprika. Die indigene Bevölkerung Perus kannte, wie Bill Bryson in seinem Weltbestseller »Eine kurze Geschichte der alltäglichen Dinge« schreibt, einhundertundfünfzig verschiedene Kartoffelsorten, die sie auch alle schätzten. Im Andensprachraum gibt es noch heute, schreibt Bryson, eintausend Wörter für verschiedene Arten oder auch Qualitäten von Kartoffeln.

Das Familienmitglied »Kartoffelpflanze« hat seinen Verbreitungsweg aus Südamerika in die alte Welt Mitte des 16. Jahrhunderts angetreten – leider nur mit wenigen Sorten. Ihre Immigrationsgeschichte nach Europa begann dem Vernehmen nach 1537 vom heutigen Kolumbien aus. Auf der Suche nach der goldenen Stadt El Dorado entdeckten die spanischen Truppen von Gonzalo Jiménez de Quesada die Kartoffel. Von Spanien aus gelangte sie auch wegen ihrer schönen Blüten nach und nach in das übrige Europa; ob auch aus Spanien oder direkt aus Südamerika nach England und Irland, ist immer noch nicht hinreichend sicher. Leicht war der Einwanderungserfolg der Kartoffel nicht, galt sie doch zeitweilig sogar als Verursacher von Lepra und Syphilis. Protestanten in England lehnten den Kartoffelanbau ab, weil die Kartoffel keine Erwähnung in der Bibel findet.

In Deutschland ist das Nachtschattengewächs »Kartoffel« seit langem sesshaft. Die Waldenser brachten es via Piemont um 1700 nach Süddeutschland. Es war also nicht der Alte Fritz, der Preußenkönig, der die Kartoffelpflanze nach Deutschland einführte. Aber mit gehörigem Nachdruck sorgte er für die Verbreitung des Kartoffelanbaus in seinen Ländern. Er hatte nämlich ihren großen Wert für die Ernährung der Bevölkerung erkannt. Wohl auch deshalb danken es ihm die Kartoffelfreunde noch heute: Auf seine Grabplatte auf der Terrasse von Schloss Sanssouci in Potsdam legen sie in Erinnerung an seine Verdienste um die Kartoffel ebensolche ab. Der Siebenjährige Krieg (1756–1763) und die mit ihm entstandene Not brachten der Kartoffel den endgültigen Durchbruch als wertvolles Grundnahrungsmittel.

Dank der Kartoffel wurden die Europäer erstmals seit über tausend Jahren satt. Nur durch sie war in der Folge die Industrialisierung möglich, nur dank der Kartoffel konnten England und Frankreich im 19. Jahrhundert zu Großmächten aufsteigen. Friedrich Engels nannte die Kartoffel deshalb »den wichtigsten aller Rohstoffe, die eine geschichtlich umwälzende Rolle spielten«.

Heute ist die Kartoffel immer noch wichtige Nahrungsgrundlage vieler Menschen in Europa. Es sind allerdings Reis und Nudeln hinzugekommen. Der Verbreitungsweg der Kartoffel spiegelt sich auch in der Vielzahl von Rezepten aus Europa und Südamerika wider. Das heißt aber nicht, dass die Kartoffel in Asien, Australien und Afrika ein Schattendasein – ein Nachtschattendasein – spielt. Wie bereits eingangs erwähnt, hat sie dort im Vergleich etwa zum Reisanbau in Asien allerdings keine Hauptrolle bekommen.

Friedrich Engels

Die Vielfalt der Kartoffel

Gemeinhin unterscheidet man drei Kartoffelsorten:

- festkochend,
- vorwiegend festkochend und
- mehlig kochend.

Dabei sind es tatsächlich die hauptsächlichen Kocheigenschaften, die die Kartoffeln unterscheiden, und nicht Sortenunterschiede.

Festkochende Kartoffelsorten eignen sich am besten für Pellkartoffeln und Kartoffelsalate, vorwiegend festkochende Sorten für Aufläufe und Eintöpfe und mehlig kochende für Suppen und Pürees, gemeinhin als Kartoffelbrei bezeichnet.

Ob Pommes Frites und Chips besser aus mehligen Sorten, aus vorwiegend festkochenden oder aus festkochenden Sorten gemacht werden sollten, darüber streiten die Kochkünstler. Die Autoren bevorzugen mehlige Sorten, die bei richtiger Behandlung ein krosses Äußeres bekommen und im Inneren weich und »fluffig« bleiben.

Rund 5.500 Kartoffelsorten gibt es. Alle Sorten zu beschreiben, würde den Rahmen dieses Buches entschieden sprengen. Genannt werden sollen nur ein paar Sorten, die es schon lange gibt oder die sich einen Namen gemacht haben. Letzteres gilt in Deutschland vor allem für die Sorte »Linda«. Sie ist sehr aromatisch und deshalb besonders beliebt. Deshalb war es kein Wunder, dass um sie ein Kampf unter dem Motto »Rettet die Linda« entbrannte, weil sie ab Januar 2005 nicht mehr als Saatgut gewerblich gehandelt und in der Folge angebaut werden durfte. Verantwortlich hierfür waren Regelungen, die mit Begriffen wie Saatgutverkehrsgesetz, Bundessortenamt und Europlant zu tun haben. Jedenfalls darf die »Linda« dank starker Unterstützung unter anderem von »Slow Food«, bäuerlichen Verbänden und natürlich den Lindaliebhabern seit dem Jahr 2010 in Deutschland wieder offiziell angebaut und vermarktet werden.

Der Kampf um die Linda hat darüber hinaus geholfen, wieder alte Kartoffelsorten verstärkt in den Blickpunkt zu rücken, sie zu pflegen und so die Kartoffelvielfalt zu erhöhen. Alte Sorten wie »König von Preußen«, »Bamberger Hörnchen«, »Blauer Schwede«, »La Ratte« und »Vitelotte« werden, wenn auch nur in geringen Mengen, wieder häufiger von Hobbygärtnern und kleinen Betrieben angebaut.

Auch machen sich Kochexperten zunehmend Gedanken, welche der im Großen und Ganzen vergleichbaren Sorten sich am besten für dieses oder jenes Gericht eignen. So schwört etwa Heston Blumenthal, ein britischer Dreisternekoch, nach längeren Versuchsreihen mit neun Sorten bei »Fish & Chips« auf die schottische »Arran Victory« oder die englische Sorte »Maris Piper«. Beide Sorten sind auch in Deutschland im Versandhandel erhältlich. Da hierzulande kaum eine der zahlreichen, etwa südamerikanischen Kartoffelsorten zu finden ist oder andernorts heimische Sorten nur selten, wenn überhaupt, angeboten werden, werden zu den in den Rezeptangaben empfohlenen Kocheigenschaften alternative Kartoffelsorten genannt, die in unseren Breiten angebaut werden.

Eine Kartoffelsorte muss noch besonders erwähnt werden, die jedes Jahr ab Mitte Mai, wenn man danach sucht, auch bei uns angeboten wird: »La Bonnotte« – die kleine Gute – von Noirmoutier, einer Insel vor der südlichen Bretagne. Die Königin der französischen Kartoffel, wie sie auch genannt wird, gibt es im Monat Mai in nur geringen Mengen. Sie hat deshalb auch ihren Preis, zumal sie auch wegen ihrer Größe von nur rund drei Zentimetern Durchmesser nur von Hand geerntet wird. Sie hat einen süßlich-cremigen Geschmack und schmilzt noch auf der Zunge. Es verwundert daher nicht, dass sie zum Beispiel als Dessert wie Trüffel gehobelt und leicht angeröstet mit Erdbeeren und Schokoladenfüllcreme bedeckt serviert wird. Der süßliche Geschmack rührt vom Seetang her, mit dem der Boden gedüngt wird. Aber auch

etwas leicht Salziges ist herauszuschmecken, weil der Boden zudem mit Meerwasser gegossen wird.

Erwähnt werden muss noch die Süßkartoffel. Süßkartoffeln, von denen es einige Rezepte auch in diesem Buch gibt, sind mit den Kartoffeln nur entfernt verwandt. Sie gehören zu den Windengewächsen, indes die Kartoffel, wie schon gesagt, ein Nachtschattengewächs wie die Tomate und die Paprika ist. Süßkartoffeln werden vor allem in tropischen Ländern angebaut. Kälte bekommt ihnen nämlich nicht.

Pflanzen – ernten – lagern

Ein Erfahrungsbericht über Kartoffelanbau auf dem Feens-Hof von Henning Lühr

Kartoffelanbau auf dem Feens-Hof

Der Anbau von Speise- und Futterkartoffeln war neben dem Getreideanbau und der Viehwirtschaft der Zweig der traditionellen Landwirtschaft. Dazu kamen in den 1960ern Spargel und Äpfel.

Der Feens-Hof gehörte zum Stift Bardowick in Bardowick bei Lüneburg, einem im Mittelalter sehr bedeutenden Ort. Bereits 1158 wurde er in den Stiftsakten erwähnt und hat eine wechselvolle Geschichte. Im Dreißigjährigen Krieg brannten ihn dänische Soldaten nieder. 1850 wurde der Hof dem damaligen Bewirtschafter (Lehmanns-Leute) übereignet. Seitdem ist er im Eigentum und der Bewirtschaftung der Familie Lühr.

In den 1920er- und 1930er-Jahren bildete die Pferdezucht den landwirtschaftlichen Schwerpunkt. In den 1950er- und 1960er-Jahren aber wurde aus dem Feens-Hof wieder ein klassischer Bauernhof mit Viehwirtschaft sowie Kartoffel-, Zuckerrüben-, Getreide-, Obst- und Gemüse-Anbau. Das ist er bis heute geblieben.

Anbau von Kartoffeln

Der Kartoffelanbau hat sich in den letzten Jahrzehnten qualitativ und quantitativ rasant verändert: Der Verbrauch von Speisekartoffeln ging zurück, die klassische Schweinemast wurde von der Kartoffelfütterung auf die Fütterung mit Getreide umgestellt. Nicht zuletzt spielte der hohe Arbeits- und Technisierungsaufwand bei Produktion, Lagerung und Vermarktung eine Rolle.

Das Pflanzen

Die Kartoffeln gedeihen auf fast allen Böden, lieben aber wegen des hohen Luftanspruchs der Stolonen – das sind Seitensprossen – und Knollen durchlüftete, leichte Böden. Kartoffeln benötigen vom Auflaufen bis zum Blühen regelmäßig Wasser, müssen ggf. beregnet werden. Zur Vermeidung von Krankheiten und tierischen Schädlingen sollten Kartoffeln nur alle drei bis vier Jahre in der Fruchtfolge vorkommen.

Der Boden muss im auslaufenden Jahr organisch gedüngt und im Frühjahr 15 cm tief aufgelockert werden. Wichtig ist sehr gutes Pflanzgut. Deshalb bauen Höfe selbst Saatkartoffeln an, die mit anderen Bauern getauscht werden, um Inzucht zu vermeiden.

Kartoffeln werden in den Boden eingelegt. Die optimale Bestandsdichte richtet sich nach dem Verwendungszweck. Bei Speisekartoffeln 40.000 bis 45.000 Pflanzen pro Hektar, bei Großknolligen für die Herstellung von Pommes frites nur 35.000 Pflanzen je Hektar. In den 1950er-Jahren wurden Kartoffeln aus

einem Korb mit der Hand gelegt, später mit Hilfe von Legemaschinen und -automaten.

Mit vom Trecker gezogenen, quergestellten Hohlscheiben werden die Kartoffeln zugedeckt und zu einem Damm geformt.

In der Bestandspflege werden die Dämme per Hand oder mit Maschinen vor dem Zuwachsen mit Unkräutern geschützt oder gegen Krankheiten beziehungsweise Schädlinge gespritzt. In den Nachkriegsjahren wurden – mangels anderer Möglichkeiten, Kartoffelkäfer zu bekämpfen – viele Schulklassen zum Sammeln der Käfer herangezogen.

Die Kartoffelpflanze wächst über der Erde, die Knollen sind an den Wurzeln.

Die Ernte

Vor der Ernte wurde das Kraut »abgetötet«. Diese Arbeit erledigte mechanisch ein sogenannter Krautschläger, den ein Trecker durch die Reihen zog.

Geerntet wurde ganz klassisch durch Aufgraben mit breitzinkigen Forken. Später folgte das Aufpflügen. Die Kartoffeln wurden in Körben gesammelt und auf einen am Rand des Feldes stehenden Transportwagen gekippt. Bei der Kartoffelernte waren dann etwa 20 bis 25 Menschen gleichzeitig beschäftigt. Die Kinder hatten im Herbst dafür die sogenannten »Kartoffelferien«.

Die Automatisierung der Ernte ist inzwischen so weit entwickelt, dass über computergesteuerte Rode-Sammler schon zwei Personen ernten können.

Das führt natürlich zu erheblichen Investitionskosten, die nur über Jahre wieder eingespielt werden können. Die Ernte geht zum großen Teil direkt an die Bank. Es wurden zur Verbesserung der Finanzierung zwar Erzeugerringe oder Genossenschaften gegründet, die aber durch die Begrenztheit der Erntezeit nur wenig Flexibilität ermöglichten. Die bäuerliche Landwirtschaft stößt damit an Grenzen des Wachstums und der Entwicklung. Künftigen Generationen fehlt damit die Perspektive.

Am letzten Tag der Ernte gab es auf dem Acker ein Kartoffelfeuer. Das Kraut der geernteten Kartoffeln wurde zu einem großen Haufen zusammengetragen und in der beginnenden Dämmerung entzündet. Um das Feuer wurden dann an langen Stöckern frisch geerntete Kartoffeln gehalten und gegart. Die verkohlte Schale wurde abgepellt. Im mitgebrachten Verpflegungskorb gab es kleine Teller, Bestecke, Butter, Quark, Salz und Pfeffer. Die Erwachsenen tranken Bier, die Kinder Brause.

Der Abschluss der Ernte, das Kartoffelköst, wurde als Dank an die Erntehelfer und -helferinnen als besondere Feier ausgerichtet. Im Hausflur, der klassischen Diele auf dem Bauernhof, wurden eine lange Tafel aufgestellt und deftige Kartoffelgerichte mit Fleisch gereicht. Als Süßspeise gab es Schokoladenpudding.

Diese Tradition der 1950er- und 1960er-Jahre ist aufgrund der Vollautomatisierung der Kartoffelernte durchweg verloren gegangen. Sie wird heute auf Bauernhöfen kaum noch gepflegt.

Die geernteten Kartoffeln wurden auf dem Bauernhof noch einmal grob sortiert und in die guten alten Jutesäcke verfüllt. Danach kam die schönste Zeit für die Beschäftigten auf dem Bauernhof und die größeren Jungs aus dem Dorf: die Verteilung der Kartoffeln an die Haushalte im Dorf und der naheliegenden Kleinstadt. Mit Trecker und beladenen Anhängern wurden die Kartoffelsäcke straßauf, straßab, Haus für Haus in die Keller getragen und in die Kartoffelkisten geschüttet. Das gab natürlich manch schönes Trinkgeld.

Diese Form der Direktvermarktung gibt es heute nur noch bei einzelnen Biobauern. Kartoffeln gibt es in der Regel in Kleinstmengen im Supermarkt oder beim Gemüsehändler.

Auf dem Feens-Hof wurde der überwiegende Teil der Ernte vom Hamburger Kartoffelhändler mit Lastwagen abgeholt oder per Bahn vor allem nach West-Berlin geliefert. Dafür hatten die Bauern in der Winsener Elbmarsch eine Genossenschaft zum Betrieb eines Kartoffellagerhauses gegründet. Dort wurden die Kartoffeln gelagert und auf Güterwagen verladen, die direkt über den Gleisanschluss an das Lagerhaus geschoben und dann insbesondere nach West-Berlin transportiert wurden. Für mich als Kind war es unvorstellbar, dass mehrere Güterzüge Kartoffeln nach Berlin brachten. »Haben die in Berlin keinen Kartoffelacker?«, fragte ich meine Grundschullehrerin, die mir vom Leben in der Großstadt Berlin erzählte. Mit meinem Horizont der Dorfidylle betrachtet war das unvorstellbar.

Suppen

vegan

Niederlande

Niederländische Erbsensuppe

Man nehme

- 500 g grüne Erbsen
- 500 g grüne Schälerbsen
- 1 kg Porree
- 100 g Sellerie
- 5 EL Gemüsebrühepulver
- 2 EL Liebstöckel (z. B. Maggi)
- 1 kg vorwiegend mehlig kochende Kartoffeln (zum Beispiel der Sorte »Bintje«)

Zubereitung

1. Die Erbsen in je eine Schüssel geben, diese mit insgesamt ca. 3–4 Litern Wasser auffüllen und die Erbsen über Nacht darin einweichen lassen.
2. Am nächsten Tag die Erbsen mit Einweichwasser (es sollten noch etwa 2½ Liter sein) in einen großen Topf geben.
3. Porree und den Sellerie putzen, das Weiße des Porrees in Streifen schneiden und den Sellerie würfeln.
4. Beides zusammen mit dem Gemüsebrühepulver und dem Liebstöckel hinzugeben.
5. Das Ganze aufkochen und dann bei mittlerer bis geringer Hitze ca. 1½ Stunden köcheln lassen.
6. Die Kartoffeln schälen, würfeln, zum Schluss in die Suppe geben und noch 15-20 Minuten zusammen köcheln.

Nederlandse Erwtensoep

Ingredienten

- 500 gr groene erwten
- 500 gr groene spliterwten
- 1 kg prei
- 100 gr knolselderij
- 5 eetlepels groentebouillonpoeder
- 2 eetlepels lavas
- 1 kg kruimige aardappelen

Bereiding

1. Doe de erwten in een schaal met 3–4 liter water. Laat de erwten een nacht weken.
2. De volgende dag de erwten met het geweekte water in een grote pan gieten. (Er moet nog ongeveer 2½ liter water over zijn.)
3. Maak het wit van de prei en de selderij schoon en snijdt de prei in ringen en de selderij in stukjes.
4. Voeg de prei en de selderij samen met de groentenbouillon en de lavas.
5. Breng het geheel aan de kook en laat het vervolgens 1½ uur op matig tot klein vuur koken.
6. Schil de aardappels, snij ze in blokjes, voeg ze toe aan de soep en laat deze nog 15–20 minuten zachtjes doorkoken. Breng het geheel op smaak met zout en peper.

Italien

Kartoffelsuppe mit Trüffel

Man nehme

- 500 g mehlig kochende Kartoffeln (zum Beispiel der Sorte »Aula«)
- 10 Majoranzweige
- 1/2 l Geflügelfond
- 2 Knoblauchzehen
- 150 ml Sahne
- 40 g Butter
- 1 kleiner Wintertrüffel oder Trüffelöl oder Trüffelcrème
- Salz
- weißen Pfeffer
- Muskat

Zubereitung

1. Kartoffeln schälen, kleinschneiden und in gesalzenem Wasser (10 g Salz auf 1 Liter) zusammen mit dem Majoran weichkochen.
2. Wasser abgießen, die Kartoffeln durch eine Kartoffelpresse drücken oder fein zerstampfen.
3. Geflügelfond, geschälte Knoblauchzehen, 100 ml Sahne und Butter zufügen. Mit einem Schneidstab pürieren. Mit Salz, Pfeffer und Muskat abschmecken.
4. Restliche Sahne steifschlagen. Suppe aufschäumen, in gewärmte tiefe Teller geben.
5. Gehobelte Trüffelscheiben, Trüffelöl oder Trüffelcrème darübergeben. Einen Klacks Sahne mittig auf die Suppe geben.

Crema di patate con tartufo

Ingredienti

- 500 g patate con polpa farinosa
- 10 rametti di maggiorana
- 1/2 l brodo di volatile
- 2 spicchi d'aglio
- 150 ml panna
- 40 g burro
- 1 piccolo tartufo invernale oppure olio o crema al tartufo
- sale
- pepe bianco
- noce moscata

Preparazione

1. Sbucciare le patate e tagliare a dadini. Cuocere insieme alla maggiorana in acqua salata (10 g di sale su 1 litro) affinché risultino morbide.
2. Scolare l'acqua, passare il tutto attraverso un passaverdure o schiacciare.
3. Unire il brodo, l'aglio sbucciato, 100 ml di panna e il burro. Passare con un frullatore ad immersione, aggiungere sale, pepe e noce moscata.
4. Montare la panna rimanente. Far spumeggiare la crema e versarla in piatti fondi. Spargere scaglie di tartufo oppure l'olio o la crema tartufata. Aggiungere un cucchiaio di panna al centro.

Kolumbien

Kartoffel-Hühnersuppe

Für 6–8 Personen

Man nehme

- $2\frac{1}{2}$ Hühnerbrüste oder ein ganzes Huhn
- 18 Tassen kaltes Wasser
- 2 ganze Frühlingszwiebeln
- 2 ganze Knoblauchzehen
- 1 Handvoll Guascas-Blätter (Franzosenkraut)
- 1 Handvoll Koriander
- 4 EL feingehackten Koriander
- 4 Maiskolben in 8 Stücke geschnitten
- 6 große mehlig kochende Kartoffeln (zum Beispiel der Sorte »Aula«), in Stifte geschnitten
- 6 vorwiegend festkochende Kartoffeln (zum Beispiel der Sorte »Cilena«), in Stifte geschnitten
- 500 g kleine mehlig kochende Kartoffeln, in Stifte geschnitten
- $\frac{1}{2}$ Tasse Guascas-Blätter
- Salz und Pfeffer (Menge nach Belieben)
- $\frac{1}{2}$ Tasse kleine Kapern
- $\frac{1}{2}$ Tasse Sahne
- 1 Avocado in Stücken

Zubereitung

1. Hühnerbrüste in einen großen Topf legen, Wasser, die Frühlingszwiebeln, den Knoblauch, die Guascas-Blätter und den Koriander hinzufügen.
2. Mit Salz und Pfeffer nach Geschmack würzen und auf mittlerer Flamme eine Stunde köcheln lassen, bis das Huhn weich ist.
3. Mit einem Schaumlöffel den weißen Schaum, der auf der Oberfläche entsteht, entfernen. Die Frühlingszwiebeln, den Knoblauch, den Koriander und die Guascas-Blätter entfernen.
4. Die Hühnerstücke aus der Brühe herausnehmen, erkalten lassen und sie von Hand in kleine Stücke zerreißen.
5. Den gehackten Koriander, den Mais sowie die großen mehlig kochenden und die vorwiegend festkochenden Kartoffeln in die Brühe geben. Nach 10 Minuten die kleinen mehlig kochenden Kartoffeln hinzufügen und 15 Minuten – oder bis sich die kleinen mehlig kochenden Kartoffeln aufgelöst haben – weiter köcheln.
6. Die Guascas-Blätter hinzufügen und abschmecken. Wenn die Suppe sehr dickflüssig ist, etwas Wasser hinzufügen.
7. Die Suppe heiß in einer Suppenschüssel und mit dem Huhn, den Kapern, der Sahne und der Avocado servieren.

Ajiaco Santafereño

Per 6–8 personas

Ingredientes

- 2½ pechugas de pollo o 1 pollo entero
- 18 tazas de agua fría
- 2 tallos de cebolla larga
- 2 dientes de ajo
- 4 ramas de guascas
- 4 ramitas ce cilantro
- 4 cucharadas de cilantro finamente picado
- 4 mazorcas tiernas cortadas en 8 trozos
- 6 papas sabaneras peladas y cortadas en tajadas medianas
- 6 papas pastusas peladas y cortadas en tajadas medianas
- 1 lb de papa criolla grande, pelada y cortada en tajadas
- ½ taza de hojas de guascas
- Sal y pimienta al gusto
- ½ taza de alcaparras pequeñas
- ½ taza de crema de leche
- 1 aguacate cortado en medias lunas

Acompañamientos

1. Ponga las presas de pollo en una olla grande, vierta el agua y agregue la cebolla larga, los dientes de ajo, las guascas y las ramitas de cilantro.
2. Condimente con sal y pimienta al gusto y cocine a fuego medio por 1 hora en hasta que el pollo esté blando. Retire la espuma blanca que aparece en la superficie, con la ayuda de una cuchara o espumadera.
3. Descarte la cebolla, el ajo, las ramas de cilantro y de guascas. Retire del caldo las presas de pollo, déjelas enfriar y desmenúcelas. Reserve a parte.
4. Añada al caldo el cilantro picado, la mazorca y las papas sabaneras y pastusas.
5. Agregue la papa criolla 10 minutos después y continué cocinando por otros 15 minutos o hasta que la papa criolla se haya desatado y espesado la preparación. Agregue las hojas de guasca y rectifique el punto de sal.
6. Si siente que la sopa esté muy espesa, añada un poco más de agua.
7. Sirva caliente en una sopera y acompañe con el pollo desmenuzado, las alcaparra la crema de leche y el aguacate.

Kolumbien

Hühnersuppe »Sancocho«

Die Sancocho wird in ganz Kolumbien gegessen. Je nach Region wird sie mit unterschiedlichen Zutaten zubereitet. Begleitet wird sie von Avocados, Reis und Arepas, einem Brot aus weißem Maismehl. »Hogao«-Soße ist eine Soße auf Zwiebel-Tomaten-Basis.

Für 6–8 Personen

Zubereitung

1. Für den Hogao das Öl in einer heißen Pfanne erhitzen und die Zwiebeln dünsten, bis sie glasig sind. Den Knoblauch, die Tomaten und den Cumin hinzufügen, die Hitze reduzieren und weitere 15 Minuten schmoren lassen. Mit Salz würzen und ruhen lassen.
2. Die Fleischstücke mit Salz und Cumin würzen. Das Schweine- und das Rindfleisch in einem großen Topf anbraten, das Wasser, die Zwiebel und den Koriander hinzufügen und für 45 Minuten – oder bis sie weich sind – köcheln. Das Hühnerfleisch, die Maisstücke, die 1½ Tassen »Hogao« hinzufügen und weitere 20 Minuten auf niedriger Flamme bei gelegentlichem Umrühren köcheln lassen. Kochbananen, die Karotten und die Kartoffeln hinzufügen und weitere 10 Minuten köcheln lassen. Dann die Yucca und den Weißkohl hinzufügen und weiter köcheln lassen, bis alle Zutaten weichgekocht sind. Die Sancocho mit den reifen Kochbananen und dem Hogao servieren.

Man nehme

für die »Hogao«-Soße

- 2 EL Sonnenblumenöl
- 1 weiße feingeschnittene Zwiebel
- 4 feingeschnittene Frühlingszwiebeln
- 2 gepresste Knoblauchzehen
- 5 reife, feingeschnittene Tomaten
- Salz und Cumin (Menge nach Belieben)

für die Sancocho

- 250 g Rindfleisch (Hohe Rippe oder Brust)
- 250 g Schweinerücken (mit Knochen) in Stücken
- 8 Hühnerschenkel
- 10 Tassen Wasser
- 1 weiße Zwiebel, in Würfel geschnitten
- 1 Handvoll Koriander
- 2 Maiskolben, in Stücke geschnitten
- 1½ Tassen des »Hogaos«
- 2 geschälte Kochbananen, von Hand in kleine Stücke gebrochen
- 2 Karotten, in Stücke geschnitten
- 8 geschälte und halbierte festkochende Kartoffeln (z.B. der Sorte »Belana«)
- 2 geschälte und in Stücke geschnittene Yuccas (Manioks)
- 4 Weißkohlblätter
- 2 reife Kochbananen, in der Schale in Stücke geschnitten und gekocht
- Salz und Cumin (Menge nach Belieben)

Sancocho Paisa

Hogao

- 2 cucharadas de aceite
- 1 cebolla blanca picada
- 4 tallos de cebolla larga picados
- 2 dientes de ajo en pasta
- 5 tomates maduros picados

Sal y comino al gusto

Sancocho

- 1/2 lb de carne de res (morillo o entrepecho)
- 1/2 lb de espinazo de cerdo cortado en trozos
- 8 presas de pollo (muslos y contramuslos)
- 10 tazas de agua
- 1 cebolla blanca cortada en cuartos
- 1 manojo de cilantro
- 2 mazorcas cortadas en trozos
- 1 1/2 tazas de hogao
- 2 plátanos verdes pelados y cortados en trozos
- 2 zanahorias cortadas en trozos
- 8 papas peladas y partidas al medio
- 2 yucas medianas peladas y cortadas en trozos
- 2 arracachas medianas peladas y cortadas en trozos
- 4 hojas de repollo
- 2 plátanos maduros cortados en trozos y cocidos con cáscara
- Sal y comino al gusto

1. Para preparar el hogao, caliente el aceite en un sartén a fuego alto y sofría las cebollas hasta que estén transparentes. Agregue el ajo, el tomate y el comino, baje el fuego y cocine por 15 minutos más. Condimente con sal al gusto y reserve.
2. Condimente las carnes con la sal y el comino. Cocine el cerdo y la carne de res en una olla grande, junto con el agua, la cebolla y el manojo de cilantro , durante 45 minutos o hasta que estén tiernas. Agregue el pollo, las mazorcas, el color, media taza de hogao y cocine a fuego bajo durante 20 minutas más, revolviendo ocasionalmente. Luego, agregue el plátano verde, la zanahoria y la papa y cocine por 10 minutos más. Añada la yuca, la arracacha y el repollo, y continúe la cocción hasta que todos los ingredientes estén en su punto. Sirva el sancocho acompañado de plátano maduro, hogao y arepas.

Nicaragua

Fischsuppe

Man nehme

- 5 Mojarras (das sind barschartige Fische; da Mojarras in unseren Breiten nicht heimisch sind, kann man auch andere kleine Fische wie zum Beispiel Lippfische verwenden)
- 1/2 Zwiebel
- 1/2 grüne Paprikaschote
- 1/2 Stange Sellerie
- 300 g mehlig kochende Kartoffeln (zum Beispiel der Sorte »Aula«)
- 1/2 Tasse Tomatenmark
- 1/2 EL Butter
- 1 EL Mehl
- 1/2 Tasse Milch
- 1/2 TL Zucker
- Salz/Pfeffer
- 4 Tassen Wasser

Zubereitung

1. Die Fische zusammen mit der kleingeschnittenen Zwiebel und Paprika sowie Salz und Pfeffer im Wasser zum Kochen bringen.
2. Wenn die Fische gar sind, herausnehmen, enthäuten und entgräten. Die Brühe durch ein Sieb abgießen.
3. Die Kartoffeln kochen, anschließend pürieren. Dieses Püree mit der Brühe, dem Tomatenmark und dem Zucker gut verrühren. In einem kleinen Topf die Butter zerlassen, das Mehl zufügen und unter Rühren zwei Minuten ausschwitzen, dann nach und nach die Milch zugeben, ca. zwei Minuten kochen lassen. Diese Soße zu der Brühe geben, alles nochmal aufkochen lassen, die Fischstücke und die Selleriestange dazutun und das Ganze eine Weile ziehen lassen.
4. Mit Salz und Pfeffer abschmecken und kurz vor dem Servieren die Selleriestange herausnehmen.

Sopa de pescado

Ingredientes

- 5 Mojarras (que son pescados perciformes; debido a que las Mojarras no son nativas de nuestra región, se puede utilizar por ejemplo otros peces más pequeños como lábridos)
- 1/2 cebolla
- 1/2 pimiento verde
- 1/2 apio
- 300 g de papas, harinosa punto de ebullición (por ejemplo, la variedad „Aula“)
- 1/2 taza de pasta de tomate
- 1/2 cuchara sopera de mantequilla
- 1 cuchara sopera de harina
- 1/2 taza de leche
- 1/2 cucharadita de azúcar
- Sal/pimienta
- 4 tazas de agua

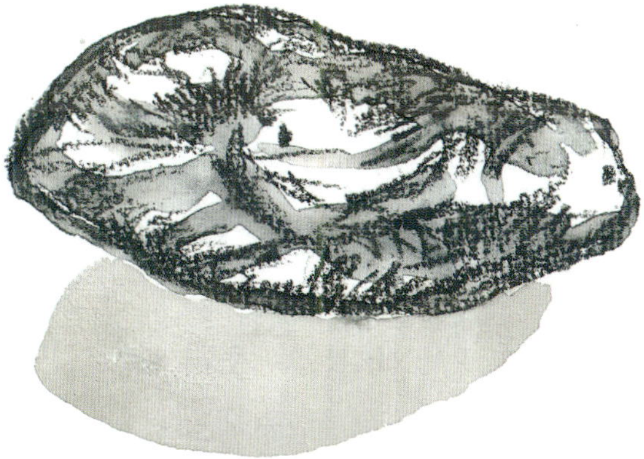

Preparación

1. Se ingresa el pescado junto con la cebolla picada, los pimientos, la sal y la pimienta en el agua a punto de ebullición en una cacerola.
2. Cuando el pescado está cocido, quitar la piel y quitar los huesos. Colar el caldo a través de un tamiz.
3. Cocer las papas por separado, y hace un puré. Este puré se mezcla bien con el caldo, puré de tomate y el azúcar. En una cacerola pequeña, derretir la mantequilla, agregar la harina y agitar por dos minutos hasta que se mezclen bien, a continuación, añadir poco a poco la leche y cocinar aproximadamente por dos minutos. Agregar la salsa al caldo, deja que todo hierva de nuevo, añadir a la misma sopa los trozos de pescado y el apio y dejar que se cosan.
4. Sazonar con sal y pimienta y retirar el apio justo antes de servir.

LR

Rumänien

Rumänische Fischsuppe

Man nehme

- 1 kg Fischfilet(s), gemischt (Karpfen, Wels, Hecht, Barsch)
- 3 Karotten
- 2 Petersilienwurzeln, kann auch durch Sellerie ersetzt werden
- 2 Zwiebeln
- 3 mehlig kochende Kartoffeln (zum Beispiel der Sorte »Bintje«)
- 2 rote Paprikaschoten
- 1 Dose stückige Tomaten
- etwas Öl, zum Anschwitzen
- 760 ml Fischfond
- Wasser
- 750 ml Brottrunk, alternativ Sauerkrautsaft
- 1 Bund Petersilie, gehackt
- 2 EL Liebstöckel, gehackt
- Salz
- Weißweinessig
- 1 Becher Sauerrahm

Zubereitung

1. Die Zwiebeln, Karotten, Petersilienwurzeln und Paprika putzen, in mundgerechte Stücke schneiden, in etwas Öl im Topf anschwitzen, mit dem Fischfond ablöschen, eventuell Wasser hinzufügen, damit das Gemüse gut bedeckt ist, und etwa 15–20 Minuten weichkochen.
2. Die Fischfilets putzen und ebenfalls in mundgerechte Stücke schneiden, das weichgekochte Gemüse im Topf mit dem Brottrunk oder Sauerkrautsaft auffüllen, die Tomaten und den Fisch zugeben, aufkochen lassen und garziehen lassen. Die gehackten Kräuter zugeben, mit Salz und eventuell etwas Weißweinessig abschmecken. Zum Schluss den Sauerrahm unterrühren, nicht mehr kochen lassen.
3. Mit Baguette oder einem anderen Weißbrot und Mujdei (Knoblauchpaste) servieren.

Ciorba de peste

Ingrediente

- 1 kg file peste (crap, biban de mare, halibut, dorada)
- 3 morcovi
- 2 felii coriandru sau telina radacina
- 2 cepi
- 3 cartofi
- 2 ardei rosii
- 0 conserva de rosii, bucati intregi
- 2 linguri ulei
- 760 ml supa-baza de peste-bulion de peste
- apa
- 750 ml Brottrunk sau suc de varza
- 1 legatura coriandru, tocata
- 2 linguri de leustean tocat
- sare
- otet
- 1 pahar smantana

1. In uleiul incins calim zarzavaturile taiate marunt, la care se adauga apoi supa-baza de peste si eventual ceva apa, in asa fel incat intreaga suprafata, toate zarzavaturile sa fie acooperite cu apa. Se fierbe timp de 15–20 minute la foc mic.
2. Se aseaza pestele curatat si taiat in bucatele mici in supa cu zarzavate la care se adauga sucul de varza si rosiile. Se fierbe totul. Trageti oala de pe foc, se adauga verdeturile tocate marunt, sare si eventual ceva otet dupa gust, la sfarsit se adauga smantana.
3. Se serveste calda, cu paine prajita sau paine cu usturoi/mujdei.

Russland

Borschtsch

Man nehme

- 500 g Schweinefleisch (dicke Rippe)
- 2 l Wasser
- 200 g Weißkohl
- 1 mittelgroße Möhre
- 1 mittelgroße Zwiebel
- 1 kleine, frische Rote Bete
- Paprikaschote
- 1 EL Tomatenmark
- 3 mittelgroße mehlig kochende Kartoffeln (zum Beispiel der Sorte »Aula«)
- 3 Lorbeerblätter
- Salz und Pfeffer
- Chilipulver
- Öl

Zubereitung

1. Das Fleisch im kalten Wasser mit etwas Salz aufsetzen und ca. 90 Minuten bei schwacher Hitze köcheln lassen. Während der Kochzeit das Gemüse vorbereiten: den Weißkohl in feine Streifen hobeln,
Kartoffeln und Zwiebeln würfeln; Paprika in feine Streifen schneiden, die Möhren und die Rote Bete feinraspeln.
2. Nach ca. 90 Minuten Kochzeit das Fleisch aus der Brühe nehmen und beiseite stellen.
3. Den Fleischfond durch ein feines Sieb gießen, wieder auf die Kochplatte stellen und aufkochen lassen. Den Weißkohl, die Kartoffeln und die Zwiebeln in den Fond geben und langsam köcheln lassen. Nach 10 Minuten Paprika, Rote Bete und Möhre hinzugeben, weiter köcheln lassen.
4. Inzwischen das Tomatenmark in 1 EL Öl anrösten. Wenn die Kartoffeln gar sind, das Tomatenmark in die Suppe geben. Nun die Lorbeerblätter hinzugeben und die Suppe mit Salz, Pfeffer und etwas Chili abschmecken. Weitere 20 Minuten köcheln lassen, dann servieren.
5. Das gekochte Fleisch kann nach Belieben in der Suppe erwärmt oder separat dazu gereicht werden.

Борщ

Ингредиенты

- 500 гр свинины (свиных ребер)
- 2 литра воды
- 200 гр белокочанной капусты
- 1 морковь среднего размера
- 1луковица среднего размера
- 1 небольшая свежая свекла
- болгарский перец
- 1 столовая ложка томатной пасты
- 3 картофелины среднего размера (разваристая, например, сорт »Аула«)
- 3 лавровых листа
- соль и перец
- перец чили в порошке
- растительное масло

1. Мясо залить холодной водой, добавив немного соли, довести до кипения и варить примерно 90 минут на медленном огне. Пока варится мясо подготовить овощи: капусту нашинковать тонкими полосками, картофель и лук нарезать кубиками, болгарский перец порезать тонкими полосками. Свеклу и морковь натереть на терке.
2. Через 90 минут вынуть мясо из бульона.
3. Процедить бульон сквозь мелкое сито, затем снова залить в кастрюлю и довести до кипения. Капусту, картофель и лук добавить в бульон и варить на медленном огне. Через 10 минут добавить туда же болгарский перец, свеклу и морковь и проварить.
4. Развести томатную пасту с одной столовой ложкой растительного масла на сковороде. Как только картофель почти готов, добавить томатную пасту в кастрюлю. Добавить лавровый лист, соль, перец и немного перец чили в борщ. Варить еще 20 минут, затем подать на стол.
5. Сваренное мясо можно, по желанию, подавать подогретым вместе с борщом или отдельно.

USA

Lachs-Chowder

Man nehme

- 1 EL Butter oder Pflanzenöl
- 4 festkochende Kartoffeln, gewürfelt (zum Beispiel der Sorte »Linda«)
- 120 g Frühlingszwiebeln, in Scheiben geschnitten
- 1/4 TL Dill-Samen
- 1 1/2 l Milch
- 500 g frischen Lachs, in Stücke geschnitten
- Salz und Pfeffer aus der Mühle
- frischen Dill zum Garnieren

Zubereitung

1. Die Butter bzw. das Pflanzenöl in einem großen Topf bei mittlerer Temperatur erhitzen. Die gewürfelten Kartoffeln, die Frühlingszwiebeln und die Dillsamen 2–3 Minuten unter Rühren anschwitzen.
2. Mit der Milch ablöschen und alles 40 Minuten sanft köcheln lassen. Die Lachsstücke zugeben und 10 Minuten garen lassen. Den Chowder mit Salz und frisch gemahlenem Pfeffer abschmecken. Jede Portion mit Dillstängeln garnieren.

Salmon-Chowder

Ingredients

- 1 tbsp. butter or vegetable oil
- 4 (waxy) potatoes, diced (for example, of the kind »Linda«)
- 4 1/4 oz. green onions, sliced
- 1/4 tbsp dill seeds
- 1 1/2 qt. milk
- 17 1/2 oz. fresh salmon, cut into pieces
- freshly grounded salt and pepper
- fresh dill for decoration

Directions

1. Heat butter or vegetable oil in big cooking pot at medium temperature. Sweat and stir diced potatoes, green onions and dill seed for 2 to 3 minutes.
2. Deglaze with milk and simmer everything for 40 minutes. Add salmon pieces and cook 10 minutes. Season to taste with salt and freshly grounded pepper. Decorate each serving with dill stems.

Vietnam

Lila Kartoffelsuppe

Canh khoai mo

Zutaten

- 250 gr. lila Kartoffeln (statt lilafarbene Yamswurzeln, wie im Originalrezept vorgesehen, werden festkochende Kartoffeln zum Beispiel der Sorte »Vitelotte« verwandt)
- 200 gr. Shrimps (oder 100 gr. Hackfleisch)
- einige Frühlingszwiebeln
- ein paar Kulantro (Korianderblätter)
- etwas Limnophila aromatica (Reisfeldpflanze)
- Salz, Pfeffer, Zucker

Vat lieu

- 250 gr. Khoai mo
- 200 gr. Tep (hoac la 100gr. Thit heo xay)
- mot it hanh la
- mot it rau om va ngo gai

Zubereitung

1. Shrimps: Kopf und Schwanz entfernen, waschen und zwei- oder dreiteilen, dann mit der Hälfte der kleingeschnittenen Frühlingszwiebeln, Salz, Pfeffer sowie Zucker vermischen und ca. 10 Minuten ziehen lassen.
2. Wenn mit Hackfleisch gekocht wird, dann ebenfalls mit o. g. Gewürzen mischen.
3. Lila Kartoffeln waschen, schälen, feinreiben (man kann auch mit einem Messer kratzend die Kartoffeln fein zerkleinern).
4. Shrimps in Öl braun anbraten, dann 700 ml Wasser zufügen, aufkochen lassen, Kartoffeln dazugeben und gut rühren, 5 bis 7 Minuten kochen, evtl. Schaum abschöpfen.
5. Zum Schluss die andere Hälfte der kleingeschnittenen Frühlingszwiebeln, Kulantro und Limnophila dazugeben.

1. Tom duoc rua sach va lot bo dau tom va duoi tom roi cat nho lam 2 hoac 3 phan sau do tron voi hanh la thai nho roi niem nem cho vua an voi muoi, tieu, duong,
2. bot ngot va neu thich thi co the niem voi nuoc man cho vi man ma hon.
3. Neu nau voi thit heo xay thi cung niem nem cho vua an cung voi hanh la. Khoai mo rua sach ben ngoai roi dung dao hay muong nao cho nhuyen.
4. Tom hoac tep duoc chien hoi vang voi dau an, roi do vao noi khoang 700ml nuoc lanh, nau cho den khi nuoc soi len (khoang 5-7 phut) nho vot nuoc bot noi len tren. Sau do bo khoai mo vao, tron deu niem nem 1 lan nau roi nau chin khoang 7 den 10 phut.
5. Truoc khi an lay hanh la, ngo gai va rau om voi ngo gai bo vao chen canh con nong.

vegetarisch

Mauritius

Kartoffel-Gartenkresse-Suppe mit Spinat

Man nehme

- 500 g mehlige Kartoffeln (zum Beispiel der Sorte »Aula«)
- 200 g Spinat
- 1 Schälchen Gartenkresse
- 750 ml Gemüsebrühe
- 100 g Sahne
- 1 EL Butter
- 1 Zwiebel
- Pfeffer und Salz

Zubereitung

1. Die Kartoffeln schälen und würfeln, die Zwiebel schälen und feinhacken.
2. In einem großen Topf die Butter zerlassen, die Zwiebel dazugeben und glasig dünsten. Die Kartoffelwürfel zufügen und mit der Brühe angießen. Zum Kochen bringen und für etwa 20 Minuten köcheln lassen.
3. Die Brunnenkresse abschneiden, welke Blätter und grobe Stiele aussortieren. Den Rest waschen, gut abtropfen lassen und hacken. Vom Spinat ebenfalls die Stiele abschneiden, ihn anschließend gründlich waschen und gut abtropfen lassen. Beides in den Topf geben und ein paar Minuten ziehen lassen.
4. Alles mit dem Stabmixer zu einer Suppe pürieren. Die Sahne dazugeben und alles mit Salz und Pfeffer abschmecken. Mit dem Stabmixer schaumig aufschlagen und servieren.

Soupe de pommes de terres avec cresson et épinard

Les ingrédients

- 500 g Pommes de terres (farineuses)
- 200 g Épinards
- 1 Coupelle du cresson
- 750 ml Bouillon de légumes
- 100 g Crème liquide
- 1 Cuillère à soupe du beurre
- 1 Oignon
- Poivre & Sel

Préparation

1. Éplucher les pommes de terre et les couper en dés. Peler l'oignon et le hacher finement.
2. Dans une grande casserole faire fondre du beurre, ajouter l'oignon et le faire revenir. Ajouter les cubes de pommes de terre et les mouiller avec le bouillon. Faire bouillir et laisser mijoter pendant 20 minutes.
3. Couper le cresson, trier les feuilles flétries et les grosses tiges. Laver, sécher et hacher le reste. Découper les tiges des épinards et bien laver les feuilles, laisser égoutter. Les ajouter dans la casserole et laisser reposer quelques minutes.
4. Tout réduire en purée à l'aide d'un mixeur plongeant. Ajouter la crème liquide, et assaisonner avec du sel et du poivre. Passer ensuite le potage au mixeur pour un mélange mousseaux.

Eintöpfe

Kroatien

Kartoffelgulasch für die schnelle Hausfrau

Man nehme

- 800 g Kartoffeln (vorwiegend festkochende Kartoffeln, zum Beispiel der Sorte »Granola«)
- 1/2 Liter Wasser
- 3 Tomaten
- 2 rote Paprika
- 2 Zwiebeln
- 2 EL Öl
- 2 EL edelsüßes Paprikapulver
- 1 Suppenwürfel
- 1 EL Tomatenmark
- 1 TL Majoran
- 1/2 TL Kümmel
- 2 Lorbeerblätter
- 1 geriebene Kartoffel, etwas Mehl zum Abbinden

Zubereitung

1. Kartoffeln schälen, in Stücke schneiden (vierteln) und mit dem Suppenwürfel ins Wasser geben, ankochen.
2. Zwiebeln und rote Paprika in kleine Würfel schneiden.
3. In einem Topf das Öl erhitzen und die Zwiebel darin braun rösten, Paprika dazugeben, Paprikapulver drüberstreuen und kurz mit rösten.
4. Das Wasser mit den Kartoffeln hinzugeben und mit einen Kochlöffel gut durchrühren
5. Tomatenmark, Majoran, Kümmel, gehackte Tomaten und die Lorbeerblätter zufügen und kräftig umrühren.
6. Bei geschlossenem Deckel ca. 20 Minuten köcheln lassen.
7. Kurz vor Ende der Kochzeit die Kartoffel reinreiben und mit etwas Mehl abbinden.
8. Mit Sauerrahm servieren. (Alternative für Nicht-Vegetarier: Man kann auch Wurst hinzufügen.)

Hrvatski krumpir gulas za lijenu domacicu

Sastojci

- 800 g krumpira
- 1/2 litre vode
- 3 rajcice
- 2 crvene paprike
- 2 crvena luka
- 2 zlice ulja
- 2 zlice plemenite slatke paprike
- 1 kocku za juhu
- 1 zlicu paradajz paste
- 1 zlicu mazurana
- 1/2 zlice kumina
- 2 lovorova lista
- 1 naribani krumpir, malo brasna za zagustiti

1. Ogulite krumpir i izrezite ga na komadice (cetvrtine), dodajte vode sa kockom za juhu i kuhajte sve.
2. Ogulite luka i crvenu paprika na male kockze.
3. Zagrijte ulje u loncu i poprzite luka, dodajte crvenu papriku, dodajte malo slatke paprike i zaprizite sve.
4. Dodajte vodu sa krumpirom i promijesajte sve sa kuhacom.
5. Dodajte paradajz pastu, mazurana, kumina, izkockate rajcice i 2 lovorova lista i promijesajte sve sa kuhacom.
6. Sa zatvorenim poklopcom 20 minuta kuhati.
7. Prije kraja kuhanja, uribajte krumpir i zagustite sve sa brasnom.
8. Servirajte sa kajmakom, i naravno mozete dodati kobasice po ukusu.

Irland

Traditioneller irischer Eintopf

Man nehme

- 750 g Lammkoteletts aus dem Nacken, den Rippen oder der Schulter
- 3 (600 g) große Zwiebeln
- Karotten
- 1 (180 g) große Pastinakwurzel
- 5 (1 kg) mittelgroße festkochende Kartoffeln – wenn man sie bekommt – der Sorte »Pontiac« (sonst zum Beispiel der Sorte »rote Emma«)
- Salz, Pfeffer
- 625 ml Rinderbrühe
- 1 TL Worcestershire-Soße
- 1 EL kleingewürfelte, frische, glatte Petersilie

Zubereitung

1. Lamm von Fett und Sehnen säubern.
2. Zwiebeln, Karotten, Pastinakwurzel und Kartoffeln in 1 cm große Scheiben schneiden.
3. Ofen auf niedrig bis mittlere Hitze vorheizen. Lamm, Zwiebeln, Karotten, Pastinakwurzel und Kartoffeln in eine große feuerfeste Auflaufform oder Pfanne schichten. Jede Schicht sparsam salzen und pfeffern. Brühe und Worcestershire-Soße dazugießen. Auf dem Herd mit höchster Stufe aufkochen. Dann das Gericht in den Ofen stellen.
4. Zugedeckt bei niedriger bis mittlerer Hitze ca. 3 Stunden – oder bis das Fleisch gar und die meiste Flüssigkeit gebunden ist – backen. Zum Bräunen den Deckel für die letzten 30 Minuten entfernen. Mit Petersilie bestreut servieren.

Traditional Irish Stew

Ingredients

- 750 g neck, rib or shoulder lamp chops
- 3 large brown
- onions (600 g)
- 1 large parsnip (180 g)
- 5 medium Pontiac potatoes (1 kg)
- salt, pepper
- 2½ cups (625 ml) beef stock
- 1 teaspoon worcestershire sauce
- 1 tablespoon finely chopped fresh flat-leaf parsley

Directions

1. Remove any excess fat and sinew from lamb.
2. Peel and slice onions, carrot, parsnip and potatoes into 1 cm thick rounds.
3. Preheat oven to moderately slow. Layer the lamp, onion, carrot, parsnip and potato in large flameproof dish or pan, sprinkling lightly with salt and pepper on each layer. Pour in the stock and sauce; bring to a boil over high heat. Transfer dish to oven.
4. Bake, covered, in moderately slow oven about 3 hours or until meat is very tender and most of the liquid has been absorbed. For a browned top, remove the lid for the last 30 minutes of cooking. Serve sprinkled with parsley.

China

Hähnchenbrust mit Kartoffeln und Currysoße

Man nehme

- 500 g Hähnchenbrust
- 4 mittelgroße vorwiegend festkochende Kartoffeln (zum Beispiel der Sorte »Bientje«)
- 2 mittelgroße Zwiebeln
- 400 ml Kokosmilch
- 3 EL Curry-Paste
- 4 EL Palmzucker oder Rohrzucker
- 4 EL Fischsoße
- 2 EL Zitronensaft
- 3 EL ungesalzene, geröstete Erdnüsse
- 1 Lorbeerblatt
- 1/2 l Wasser

Zubereitung

1. Hähnchenbrüste in 3 cm große Würfel schneiden. Kartoffeln schälen und vierteln.
2. Zwiebeln schälen und halbieren.
3. Von dem dicken Teil der Kokosmilch 5 EL in einen großen Topf geben und aufkochen lassen. Die Curry-Paste einrühren und etwa 1 Minute kochen lassen. Hühnerfleisch, den Rest der Kokosmilch, Zucker, Fischsoße, Zitronensaft, Erdnüsse, Lorbeerblatt und ½ l Wasser hinzufügen.
4. Das Hühnerfleisch bei schwacher Hitze und mit leicht geöffnetem Deckel etwa 20 Minuten schwach köcheln lassen. Die Kartoffeln und die Zwiebel dazugeben und alles weitere 20 Minuten köcheln lassen.
5. Das Lorbeerblatt herausfischen und servieren.

咖哩鸡肉烧土豆

主料

500 克鸡胸肉
4 个中等大小的土豆,土豆最好是耐煮的品种如 BIENTJE 等
2 个中等大小的洋葱

调料

400 毫升椰子奶
3 勺咖哩酱
4 勺蔗糖
4 勺鱼露
2 勺柠檬汁
3 勺未加盐的炒花生米
1 片月桂叶
0.5 升水

做法

将鸡胸肉切成 3 厘米大小的小块,土豆削皮后每个切成 4 块,洋葱剥皮后每个切成两半.
将 5 勺比较稠的椰奶放入一大点的锅内烧开,加入咖哩酱边搅拌边再烧一分钟,这时,将鸡胸肉及剩下的椰奶,蔗糖,鱼露,柠檬汁,花生米,月桂叶和半升水等一并加入锅内烧.
鸡胸肉用小火慢炖至 20 分钟左右,炖制过程中锅盖要稍微打开些.然后再加入切好的土豆和洋葱再炖至 20 分钟左右,取出月桂叶,即可上桌.

Argentinien

Eintopf »Pucheros«

Man nehme

- 500 g Rindermarkknochen
- 1–2 große Zwiebeln
- 500 g Rindergulasch
- 250 g festkochende Kartoffeln (zum Beispiel der Sorte »Sieglinde« oder »Linda«)
- 250 g Möhren
- 250 g Süßkartoffeln
- 250 g Kürbis mit gelber Schale
- 1/2 Bund Liebstöckel
- 2 EL Öl
- Salz & Pfeffer

Zubereitung

1. Die Knochen abwaschen. Die Zwiebeln schälen und vierteln. Das Fleisch trockentupfen und evtl. kleiner schneiden. Die Kartoffeln, Möhren und Süßkartoffeln schälen und in grobe Stücke schneiden. Den Kürbis zerteilen, entkernen und ungeschält ebenfalls in grobe Stücke schneiden. Den Liebstöckel waschen, trockenschütteln und feinhacken.
2. Das Öl in einem großen Topf (5 l Fassungsvermögen) erhitzen, die Knochen und die Zwiebeln darin bei starker Hitze von allen Seiten anbraten. Das Fleisch dazugeben und 3–4 Minuten mitbraten. Kartoffeln, Möhren, Süßkartoffeln, Kürbis und Liebstöckel hinzufügen und so viel Wasser angießen, dass alles gut bedeckt ist. Einmal aufkochen, dann weitere 30–35 Minuten leise kochen lassen.
3. Die Markknochen entfernen, den Eintopf salzen, pfeffern und servieren. Die Kürbisschale wird direkt beim Essen entfernt.

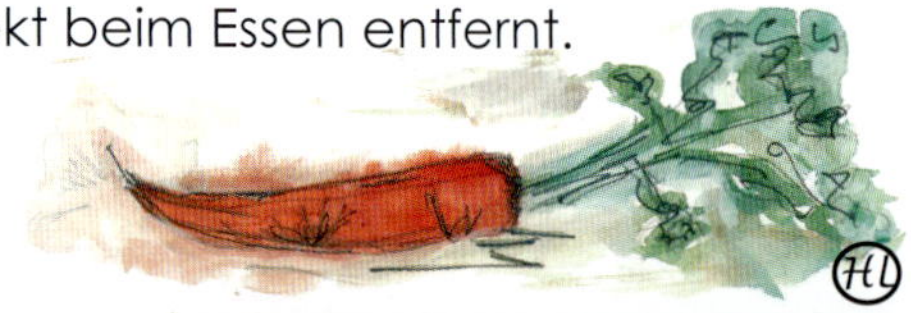

Cocido »Pucheros«

Ingredientes

- 500 g de tuétano de res
- 1–2 cebollas grandes
- 500 g carne mazisa para estofado
- 250 g de papas de cocidas (por ejemplo de la clase »Sieglinde« o »Linda«)
- 250 g de zanahorias
- 250 g de papas dulces
- 250 g de calabaza con cascara amarilla
- 1/2 Apio de monte
- 2 cucharadas de aceite
- sal, pimienta

Preparación

1. Lavar los huesos. Pelar y cortar las cebollas en cuartos. Quitar los restos de humedad de la carne y cortala en pedazos pequeños. Pelar las papas normales, las zanahorias, las papas dulces y cortarlas en trozos grandes. Quitar las semillas de la calabaza y cortar en trozos sin pelar. Lavar el apio de monte, agitar hasta quitar los restos de humedad posibles y picar finamente.
2. Calentar el aceite en una olla grande (5 litros de capacidad), Freir el tuetano y las cebollas a fuego alto por todos los lados. Agregar la carne y freir durante 3–4 minutos. Agregar las Papas normales y dulces, zanahorias, calabaza y apio de monte. Añadir y vertir agua hasta que todo esté bien cubierto. Dejar que tome el primer hervor y luego dejar otros 30 a 35 min. con temperatura baja.
3. Quitar el tuétano, agregar la sal y pimienta y servir el guiso. La cáscara de calabaza se extrae directamente de la comida.

Österreich

Erdäpfelgulasch

Wenn das Geld für Rindsgulasch nicht reichte, kochte man früher in Wien halt Erdäpfelgulasch – so auch bei meinen Großeltern. Das folgende Rezept stammt aus dem Goldenen Buch der Wiener Küche, Untertitel »Das hervorragende wirtschaftliche Kochbuch für den mittleren und kleinen Haushalt«, das mein Vater nach der Heirat von seiner Mutter aus Wien mitgebracht und meiner Mutter (Kölnerin) zur Pflichtlektüre gemacht hat, damit sie so kocht, wie seine Mutter gekocht hat. Nun ist das gute Buch in der dritten Generation gelandet und wir essen dieses Gericht heute lieber als ein Rindsgulasch.

Zubereitung

Die Zwiebel sehr fein schneiden und mit dem würfelig geschnittenen Speck am besten in einem gusseisernen Topf goldbraun anrösten lassen, salzen und das Paradeisermark hineinrühren. Die Erdäpfel schälen, in Würfel schneiden und roh dazugeben. Dann das Paprikapulver unterrühren und mit Wasser aufgießen. Die Wurst blättrig schneiden, extra ausbraten und dann erst zusammen mit den Knoblauchzehen ebenfalls dazugeben. Alles weichdünsten lassen und mit Kümmel und Salz würzen.

Man nehme

- 1 kg mehlig kochende Kartoffeln
- 150 g geräucherten Speck
- 30 g edelsüße Paprika
- 10 g Kümmel
- 3 Knoblauchzehen
- Salz
- eine kleine Dose Tomatenmark (60–70 g)
- 1 Paar Debreziner Würstel oder andere Hartwurst
- 200 g Zwiebel

Zuatodn

- 1 kg Erdäpfel
- 15 Deka Selchspeck
- 3 Deka Paprika edelsüß
- 1 Deka Kümmel
- 3 Zehen Knoblauch
- Salz
- 1/16 Kilo-Dose Paradeisermark
- 1 Paar Debreziner Würstel
- 20 Deka Zwiebel

Schweden

Gotländischer Fischtopf Gotländsk Fiskgryta

Man nehme

- 1 kg Fischfilet (Ostseedorsch oder Seehecht)
- 15 g Butter
- 6 große festkochende Kartoffeln (zum Beispiel der Sorte »Linda« oder »Heidi«)
- 2 Stangen Lauch
- 1 EL Schnittlauch, gehackt
- 1 EL glatte Petersilie, gehackt
- Salz
- weißen Pfeffer

Ingredienser

- 1 kg fiskfilet (torsk el. kummel)
- 15 g smör
- 6 stora fasta potatisar (till exempel sorten »Linda« eller »Heidi«)
- 2 purjolökar
- 1 msk hackad gräslök
- 1 msk hackad bladpersilja
- salt
- vitpeppar

Zubereitung

1. Kartoffeln schälen und in Scheiben schneiden, Lauch putzen, das Weiße in Scheiben schneiden, eine feuerfeste Form – auf die ein Deckel passt – mit der Butter ausstreichen und schichtweise abwechselnd Kartoffelscheiben und Lauch verteilen. Auf jede Lage Schnittlauch und Petersilie geben. Mit Salz und frisch gemahlenem Pfeffer würzen. Alles knapp mit Wasser bedecken. Bei schwacher Hitze auf dem Herd zugedeckt etwa 20 Minuten garen bis die Kartoffelscheiben fast gar sind.
2. Fischfilets obenauf legen und die Form mit einem mit Butter bestrichenem Pergamentpapier abdecken. Darauf den Deckel legen. Fischfilets etwa 10 Minuten gar ziehen lassen. Mit Salz abschmecken.

Tillagning

1. Skala potatisarna och skiva dem. Tvätta purjolöken och strimla den vita delen. Ta en eldfast form med lock, smörj den och varva potatis och purjolök. Strö persilja och gräslök på varje skikt. Krydda med salt och peppar. Tillsätt vatten så att potatisarna är precis täckta. Koka i 20 minuter på svag värme tills potatisarna är nästan klara.
2. Lägg fiskfiléerna ovan på potatisarna, pensla med smör och täck med bakplåtspapper. Koka fisken i ca 10 minuter tills den är klar. Smaka av med salt.

Nicaragua

Cocido sencillo-Eintopf

Man nehme

- 750 g Rindergulasch, nicht zu kleine Stücke, oder gepökeltes Rindfleisch
- 1 Tomate
- 1/2 Limette
- 1 große Möhre
- 1 Chayotes
- 3 Pipianes
- 1/2 Weißkohl
- 1 Süßkartoffel
- 4 kleine Kartoffeln
- 1/2 große Yuca
- 1 reife Gemüsebanane
- 1 grüne Paprikaschote
- 1 TL Butter
- 1 TL Mehl

Zubereitung

1. Das Fleisch mit etwas Wasser zum Kochen aufsetzen, so dass es gerade bedeckt ist; Zwiebel, Tomaten und Paprika grob zerteilen und hinzugeben sowie Salz und den Saft der Limette. Das restliche Gemüse in Würfel bzw. Scheiben schneiden, zum Fleisch geben. Wenn dieses zart ist, leicht salzen und noch eine Stunde kochen lassen. Zum Servieren das Fleisch in die Mitte einer Schüssel legen und das Gemüse drumherum verteilen, jede Sorte für sich.
2. Die Butter schmelzen lassen, das Mehl unterrühren und kurz anrösten, mit etwas Brühe ablöschen, zwei Minuten kochen lassen und über Fleisch und Gemüse gießen.

Cocido Sencillo-estofado

Ingredientes

- 1,5 libras estofado de carne, no recomendable en pedazos pequeños o carne en conserva
- 1 tomate
- 1/2 limón
- 2 zanahorias grandes
- 1 chayotes
- 3 pipianes
- 1/2 col blanco
- 1 papas dulces
- 4 papas pequeñas
- 1/2 Yuca grande
- 1 plátano macho
- 1 pimiento verde
- 1 cucharadita de mantequilla
- 1 cucharadita de harina

Preparación

1. Colocar la carne con un poco de agua a hervir hasta que quede cubierta; cortar la cebolla, el tomate y el pimiento en trozos grandes y agregar, así como la sal y el jugo de la lima.
2. Cortar las verduras restantes en cubos o rodajas, añadir a la carne ya cuando está cocida tierna, salar ligeramente y cocer durante una hora. Para servir, la carne se coloca en el centro de un molde y esparcir las verduras alrededor de ella, cada variedad por sí misma.
3. Derretir la mantequilla, agregar la harina y freír brevemente, desglazar con un poco de caldo, cocinar por dos minutos y vertir sobre la carne y las verduras.

Ungarn

Geschichtete Kartoffel

Man nehme

- 1,2 kg festkochende Kartoffeln (zum Beispiel der Sorte »Linda«)
- 150 g geräucherten Speck
- 4 Eier
- 200 g Würste (Debrecziner)
- etwas Butter, für die Form
- 400 ml Sauerrahm
- etwas lauwarme Milch

Zubereitung

1. Die Kartoffeln mit Schale kochen, ein wenig abkühlen lassen, schälen und in Scheiben schneiden.
2. Den Speck kleinwürfeln und auslassen.
3. Die Eier hartkochen, abkühlen lassen und ebenso wie die Wurst in Scheiben schneiden.
4. Eine feuerfeste Form mit etwas Butter einstreichen und mit einer Hälfte der Kartoffelscheiben auslegen. Dann darauf die Eier und die Wurstscheiben schichten.
5. Den Sauerrahm mit etwas Milch verrühren und eine Hälfte darüber verteilen, dann die Speckgrieben darüberstreuen. Die zweite Hälfte der Kartoffelscheiben aufschichten. Dann den Rest Sahne und das Speckfett darübergießen.
6. Im vorgeheizten Backofen bei 200° C ca. 30–40 Minuten goldbraun überbacken.
7. Mit einem Salat oder ganz stilecht mit sauer eingelegtem Gemüse servieren.

Möchte man auf den Speck verzichten, kann man stattdessen etwas zerlassene Butter verwenden.

Rakott krumpli

Hozzávalók

- 1,2 kg burgonya krumpli
- 150 g füstölt szalonna
- 4 db tojás
- 200 g kolbász debreceni
- vaj a sütőforma kikenéséhez
- 400 ml tejföl
- kevés langyos tej

Elkészítés

A burgonyát héjában megfőzzük, kicsit lehűtjük, meghámozzuk és szeletekre vágjuk. A szalonnát felkockázzuk és megolvasztjuk. A tojásokat keményre főzzük, lehűtjük és felkarikázzuk, mint ahogy a kolbászt is. A tűzálló tálat kevés vajjal kikenjük, és a burgonyaszeletek felével kirakjuk. Utána rárétegezzük a főtt tojást és a kolbászt. A tejfölt kevés tejjel elkeverjük, a felét rálocsoljuk és megszórjuk a sült szalonnadarabokkal. Beborítjuk a főtt burgonya másik felével, és rálocsoljuk a tejfölt és a szalonnazsírt. Előmelegített sütőben 200 fokon 30–40 perc alatt aranybarnára sütjük.
Salátával, vagy hagyományosan savanyúsággal tálaljuk.
Amennyiben a szalonnát kerülni akarjuk, helyettesíthetjük olvasztott vajjal is.

Ungarn

Ungarisches Kartoffelgulasch

Man nehme

- 600 g vorwiegend festkochende Kartoffeln (zum Beispiel der Sorte »Granola«)
- 1 Zwiebel
- 1 gelbe Paprikaschote
- 1 rote Paprikaschote
- 2 Tomaten
- 3 EL Tomatenmark
- 2 TL edelsüßes Paprikapulver
- 2 TL Paprikapulver, rosenscharf
- 1 Zehe Knoblauch
- 1 Chilischote
- Olivenöl
- Gemüsebrühe
- Salz und Pfeffer
- etwas Zitronensaft

Zubereitung

1. Kartoffeln und Paprika schälen und würfeln, Zwiebel und Knoblauch schälen und kleinschneiden. Tomaten vierteln.
2. Zwiebeln in Öl anbraten. Tomatenmark mit anrösten. Anschließend Kartoffeln, Paprika und Knoblauch dazugeben und mit anschmoren.
3. Paprikapulver, Salz, Pfeffer und den Zitronensaft dazugeben. Gemüsebrühe angießen.
4. Zugedeckt ca. 20 Minuten köcheln lassen, bis alles gar ist. Am Schluss sollte noch reichlich Soße im Topf sein, sonst Wasser oder etwas Wein nachgießen.

Magyaros krumpligulyás

Hozzávaló

- 600 g burgonya /krumpli/
- 1 fej hagyma
- 1 sárga paprika
- 1 piros paprika
- 2 db paradicsom
- 3 evőkanál sűrített paradicsom
- 2 teáskanál édesnemes paprika
- 2 teáskanál erős paprika
- 1 gerezd fokhagyma
- 1 chilipaprika
- olíva olaj
- zöldséglé
- só, bors
- kevés citromlé

Elkézítés

1. A burgonyát és a paprikát meghámozzuk, összedaraboljuk, a hagymát és a fokhagymát megtisztítjuk és apróra vágjuk, a paradicsomot negyedeljük.
2. A hagymát olajon megpirítjuk, hozzáadjuk a sűrített paradicsomot, végül a burgonyát, paprikát és fokhagymát és tovább pároljuk.
3. Hozzáadjuk az őrölt paprikát, sót, borsot és a citromlevet és felöntjük a zöldséglével.
4. Lefedve 20 percig főzzük, míg elkészül. Ha a végén kevés szósz marad a lábasban, felöntjük vízzel vagy borral.

Mauritius

Hühnercurry (Cari Poulet) mit Kartoffeln

»Cari« ist die kreolische Bezeichnung für »Curry« auf Mauritius und eine sehr beliebte Speise auf der Insel. Man findet es in allen möglichen Formen und es kann mit Gemüse, Fleisch oder Fisch zubereitet werden. Eine typische Zutat für das Cari sind die Blätter des Currybaumes. Sie können bei Bedarf durch Koriander ersetzt werden.

Man nehme

- 4 Hühnerschenkel oder 1 kg Hühnerfleisch
- 5 vorwiegend festkochende Kartoffeln (zum Beispiel der Sorte »Désirée«)
- 1 mittelgroße Zwiebel
- 2 Knoblauchzehen
- 1 frischen Thymianzweig
- 1 TL Knoblauch-Ingwer-Gemisch
- 5 Curryblätter
- 5 Korianderblätter
- 1 frische Tomate
- 3 EL Currypulver
- 2 Gläser Wasser
- 3 kleine Chilischoten
- Salz, Pfeffer und Öl

Zubereitung

1. Vorbereitung der Zutaten: Das Hühnerfleisch kleinschneiden, Kartoffeln schälen und würfeln, Zwiebel und Tomate schälen und fein zerhacken, Knoblauch und Chili zerdrücken.
2. In einem großen Topf das Hühnchen in einem Esslöffel Öl für fünf Minuten anbraten. Die Zwiebel hinzufügen und zwei Minuten mitbraten. Anschließend das Knoblauch-Ingwer-Gemisch, die Curryblätter, Koriander und Thymian hinzufügen und weitere fünf Minuten ziehen lassen. Das Hühnchen braten lassen, bis es sich goldbraun färbt.
3. Tomate hinzufügen und mitkochen lassen, Currypulver und zwei Gläser Wasser beifügen. Umrühren, bis sich eine cremige Masse bildet. Salzen und pfeffern.
4. Die Kartoffelwürfel hinzufügen und für 35 Minuten bei mittlerer Hitze kochen lassen.
5. Zum Servieren das Curry mit Curryblättern und frischem Koriander bestreuen.

Empfehlung: Zum Curry Basmatireis und einen Gurkensalat mit frischer Minze reichen.

Île Maurice: Cari de poulet aux pommes de terre

Le »cari« est un plat typique de l'Ile Maurice. Il existe plusieurs façon de le préparer (avec des légumes, de la viande ou du poisson). Il fait partie des plats incontournables de la cuisine Mauricienne. Le »cari« ce sont les feuilles d'un arbre appelé, le cari poulet, un arbre bien connu en Asie. Il donne un gout spécial au plat et peut être préparé avec coriandre.

Les ingrédients

- 4 cuisses de poulet ou 1kg de poulet
- 5 pommes de terre à cuisson assez ferme
- 1 oignon moyen
- 2 gousses d'ails
- 1 branche de thym frais
- 1 cuillère à café de mélange ail et gingembre
- 5 feuilles de cari poulé
- 5 feuilles de coriandre
- 1 tomate fraiche
- 3 cuillères à soupe de curry
- 2 verres d'eau
- 3 petits piments
- Sel, poivre et huile

Préparation

1. Commencer par préparer les ingrédients: Couper le poulet, peler et couper les pommes de terres en dés, éplucher l'oignon et hacher-le finement, monder et concasser la tomate, écraser l'ail et les piments.
2. Démarrer la cuisson dans une cocotte: Rissoler les morceaux de poulet avec une cuillère à soupe d'huile d'olive pendant cinq minutes. Ajouter les oignons, les faire suer pendant deux minutes, puis ajouter le mélange d'ail et de gingembre, les feuilles de cari poulé, la coriandre et le thym et prolonger la cuisson pendant cinq minutes. Faire revenir les morceaux de poulets jusqu'à ce qu'ils soient bien dorés.
3. Ensuite ajouter la tomate, laisser cuire doucement, rajouter le curry et deux verres d'eau. Remuer jusqu'à l'obtention d'une pâte onctueuse. Puis saler et poivrer.
4. Ajouter les pommes de terre, les laisser mijoter à feu moyen pendant 35 minutes.
5. Finition: Au moment de servir, parsemer le cari de feuilles de coriandre frais haché.

Suggestion: servir avec du riz basmati et une salade de concombre à la menthe.

Salate

Italien

Italienischer Kartoffelsalat

Man nehme

- 600 g festkochende Kartoffeln (zum Beispiel der Sorte »Belana«)
- 3 rote Paprikaschoten
- 2 kleine Knoblauchzehen
- 3 kleine Zwiebeln
- 4 EL Olivenöl
- Salz
- je 600 ml Weißwein und Wasser
- 3 TL Weißwein-Essig
- 1 Spritzer Zitrone
- Pfeffer
- frische Basilikumblätter

Zubereitung

1. Die Kartoffeln schälen, waschen und in 2 cm dicke Würfel schneiden. Die Paprikaschoten säubern und kleinwürfeln. Die Knoblauchzehe schälen und zerkleinern.
2. In einem Topf Zwiebeln und Knoblauch in heißem Öl dünsten. Die Kartoffel- und Paprikawürfel dazugeben, umrühren, salzen und alles kräftig anbraten, aber nicht verbrennen. Mit Wein und Wasser aufgießen und im zugedeckten Topf bei geringer Hitzezufuhr etwa 45 Minuten garen.
3. Alles in eine Schüssel leeren und mit dem Essig, dem Zitronensaft und etwas Pfeffer würzen. Basilikum in feine Streifen schneiden, unter den Salat mischen. Eine halbe Stunde ziehen lassen.

Insalata di patate all'italiana

Ingredienti

- 600 g patate sode
- 3 peperoni rossi
- 2 piccoli spicchi d'aglio
- 3 piccole cipolle
- 4 cucchiai olio di oliva
- sale
- 6 cl ciascuno vino bianco e acqua
- 3 TL aceto di vino bianco
- 1 spruzzo di limone
- pepe
- foglie fresche di basilico

Preparazione

1. Pelare e lavare accuratamente le patate. Tagliarle a dadini di 2 cm. Pulire e tagliare a dadini anche i peperoni. Sbucciare e spezzettare lo spicchio d'aglio
2. In un tegame stufare cipolle e aglio con olio bollente. Aggiungere i dadini di patate e peperoni, girare, salare e rosolare bene. Aggiungere acqua e vino e fare cuocere con il coperchio a fuoco basso per ca. 45 minuti.
3. Versare il tutto in una scodella e condire con l'aceto, il succo di limone e il pepe. Aggiungere il basilico tagliato a strisce, lasciar riposare per mezz'ora.

Frankreich

Der (echte) Nizza-Salat

Für 6 Personen

Man nehme

- 10–12 sehr reife Tomaten
- 6 festkochende Kartoffeln mittlerer Größe (zum Beispiel der Sorte »La Ratte« oder »Bamberger Hörnchen«)
- 150 g grüne Bohnen
- 200 g zarte grüne Bohnenkerne (Saubohnen)
- 1 kleine Gurke
- 6 kleine Lauchzwiebeln
- 100 g schwarze Oliven, entkernt
- 3 hartgekochte Eier
- 1 Knoblauchzehe
- 12 Anchovisfilets
- 200 bis 300 g frischen Thunfisch oder »au naturel« aus der Dose
- 4–5 kräftige Basilikumzweige (die kleinen Blätter zum Dekorieren aufheben)
- Olivenöl extra vierge (kalt gepresst)
- Salz und Pfeffer aus der Mühle

Zubereitung

Man beachte, dass der echte Nizza-Salat weder Essig noch grüne Salatblätter, Rucola oder ähnliches enthält. Die Oliven müssen unbedingt kleine feste, schwarze Oliven aus Nizza sein, keinesfalls entkernt. Die Anchovisfilets sind eine populäre und häufige Variante, man kann aber auch Thunfisch nehmen, aber niemals beides zugleich.

1. Die Rohkost wählt man je nach Saison. Für den Geschmack kann man auch ein paar feingeschnittene Radieschen oder gehackte Liebstöckelblätter hinzufügen.
2. Die Kartoffeln waschen, bürsten und in Salzwasser 15 bis 20 Minuten kochen lassen. Abtropfen, vorsichtig schälen und auskühlen lassen. Einen Topf mit Wasser zum Kochen bringen und die grünen Bohnen 5 Minuten kochen, dann abgießen und unter kaltes Wasser halten, um den Kochvorgang zu stoppen. Sie müssen knackig bleiben.
3. Die Tomaten schälen und vierteln, salzen und bereitstellen. Die Saubohnen entkernen.
4. Die Paprika und die Zwiebeln in feine Scheiben schneiden. Die Eier schälen und vierteln. Die Knoblauchzehe schälen.
5. Eine große Salatschüssel ganz mit der Knoblauchzehe ausreiben, die in Stücke zerteilten Anchovisfilets oder den zerteilten Thunfisch hinzufügen. Wenn frischer Thunfisch dabei ist, diesen kurz in der Pfanne mit einem Schuss Olivenöl von beiden Seiten anbraten, vor dem Tranchieren lauwarm erkalten lassen. (Er ist sehr viel dekorativer auf dem Salat angerichtet.)
6. Die Tomaten gut abtropfen lassen, sie leicht nachsalzen, die Gurke abtropfen lassen. Diese beiden Zutaten vorsichtig der Mischung unterziehen. Würzen mit 6–8 Löffeln Olivenöl, gehacktem Basilikum, Pfeffer. Abschmecken und evtl. nachsalzen. Auf das Ganze die Eiviertel, die kleinen Basilikumblätter und den frischen Thunfisch oder den Thunfisch aus der Dose geben.

Gut gekühlt servieren.

La (vraie) salade niçoise

Pour 6 personnes

Ingrédients

- 10 à 12 tomates bien mûres
- 6 pommes de terre de taille moyenne
- 150 g de haricots verts
- 200 g de févettes (en saison)
- 1 petit concombre
- 6 petits oignons verts
- 100 g d'olives niçoises (dénoyautées)
- 3 oeufs durs
- 1 gousse d'ail
- 12 filets d'anchois
- 200 à 300 g de thon frais ou »au naturel«
- 4 à 5 branches de basilic bien dru (garder les petites feuilles pour la déco)
- Huile d'olive extra vierge

Préparacion

Sel et poivre du moulin
Notez que l'authentique salade niçoise ne compte ni vinaigre, ni feuilles de laitue, roquette ou autre. Les olives doivent être impérativement des petites olives niçoise bien fermes, non dénoyautées. Les filets d'anchois sont l'option la plus courante et populaire, mais l'on peut aussi mettre du thon (jamais les deux). Quant aux crudités, elles se choisiront en fonction de la saison. On peut également ajouter quelques radis émincés et un peu de livèche ciselée pour le goût ...

1. Lavez, brossez et faites cuire les pommes de terre dans de l'eau salée pendant 15 à 20 minutes. Egouttez, pelez délicatement et laissez- les refroidir. Portez une casserole d'eau à ébullition et plongez les haricots vert 5 minutes, égouttez et passez les sous l'eau froide pour stopper la cuisson, ils doivent rester croquants.
2. Peler et couper les tomates en quartiers, les saler et réserver. Eplucher les févettes. Emincer le poivron et les oignons en fines rondelles. Ecaler les oeufs et les couper en quartiers. Peler la gousse d'ail.
3. Frotter tout l'intérieur d'un grand saladier avec la gousse d'ail, Ajouter les filets d'anchois (détaillés en morceaux) ou le thon émietté. Si vous choisissez de mettre du thon frais, le griller rapidement à la poêle, avec un filet d'huile d'olive, puis le laisser tiédir avant de le trancher (il sera plus joli présenté sur le dessus de la salade).
4. Bien égoutter les tomates, les resaler légèrement, égoutter le concombre, et incorporer délicatement ces deux éléments au mélange. Assaisonner de 6 à 8 cuillères d'huile d'olive, de basilic ciselé, poivre. Goûter et ajuster le sel. Disposer sur le dessus les oeufs, les olives, petites feuilles de basilic entières, et le thon frais s'il y a lieu. Servir très frais.

vegetarisch

Indien

Kartoffelsalat »Bombay«

Man nehme

- 500 g festkochende Kartoffeln (zum Beispiel der Sorte »Bamberger Hörnle«)
- 2 Stiele Stangensellerie, feine Scheiben
- 1 gelbe Paprika, kleine Würfel
- 2 feste Tomaten, entkernt, kleine Würfel
- 2 Frühlingszwiebeln, feine Ringe
- 300 g Jogurt
- 100 g Sauerrahm
- Saft von 1 Zitrone
- 1/2 TL Cumin
- 2 Knoblauchzehen, feingehackt
- 2 EL frischer Koriander oder Petersilie, feingehackt
- Salz
- Pfeffer

Zubereitung

1. Kartoffeln in der Schale weichdämpfen, etwas abkühlen lassen, schälen und in Würfel schneiden. Kartoffeln, Sellerie, Paprika, Tomaten und Frühlingszwiebeln in eine Schüssel geben.
2. Jogurt, Sauerrahm und Zitronensaft glattrühren. Cumin in einer kleinen, trockenen Pfanne kurz unter Rühren anrösten. Die Jogurtsoße mit Cumin, Knoblauch und Koriander (oder Petersilie) verrühren, mit Salz und Pfeffer abschmecken.
3. Den Salat mit der Soße vermischen, etwas durchziehen lassen und mit Salz und Pfeffer abschmecken.
4. Den besonderen Pfiff bekommt dieser Salat durch Cumin (Kreuzkümmel), ein typisches Gewürz der indischen Küche. Damit es sein ganzes Aroma entfalten kann, wird es kurz in einer trockenen Pfanne angeröstet.

आलू का मिश्रण मुंबई

बनाने की िविध

1. मुलायम खोल में कुक आलू, क्यूबोन में कटौती करने, और भले न हो। आलू,टमाटर, सेलरी, काली मिर्च, थाली में एक बल्ब बसंत देते हैं।
2. सीकों, थोड़ा खट्टा मक्खन और लेमिन रस सत्याग्रह सुचारू रूप से कार्य किया। संक्षेप में नीचे पैन उद्वेलित जीरा, शुष् क जलन होती है। सीकों से फिश संफस, जीरा, लहसुन, धनिया पत्ते और नमक के घोल मिर्च स्वाद
3. सॉस मिश्रण के साथ सलाद, कुछ के माध्यम से जाना जा सकता है और मौसम नमक और काली मिर्च के साथ स्वाद के लिए
4. विशेष सीटी जीरा के साथ इस सलाद, भारतीय व्यंजनों में एक ठेठ मसाला हो जाता है. यह अपनी पूरी स्वाद विकसित कर सकते हैं, इसलिए है कि यह संक्षिप्त एक सूखी पैन में सेकें है.

साममी 4 लोगों के िलए

आलू 500 ग्राम
2 जुर्माना सेलरी काटा गया है।
1 शिमला मिर्च, छोटे क्यूबोन
2 छोटे छोटे क्यूबोन पत्थर टमाटर
2 वसंत प्याज, टुकडा
दही 300 ग्राम
थोड़ा खट्टा मक्खन 100 ग्राम
एक नींबू के रस
आधा चम्मच जीरा
2 लहसुन की लौंग
2 धनिया पत्ते, छोटे छोटे टुकड़ों में
नमक
काली मिर्च

Frankreich

Kartoffelsalat »Elsässer Art«

Man nehme

- 750 g festkochende Salatkartoffeln, (zum Beispiel der Sorte »La Ratte«)
- 500 g Sauerkraut
- 1/2 l herben Weißwein
- 2 saure Äpfel
- 2 EL Schweineschmalz
- 2 feingewürfelte Zwiebeln
- 2 feingehackte Knoblauchzehen
- 1 EL Zucker
- 1 TL Salz
- 2 Lorbeerblätter
- Essig, Öl
- 250 g geräucherte Mettwurst
- 1 Bund Frühlingszwiebeln

Zubereitung

1. Die Kartoffeln waschen und in gesalzenem Wasser kochen. Anschließend etwas abkühlen lassen, schälen und in Scheiben schneiden. Äpfel schälen, vierteln, das Kerngehäuse entfernen und in Scheiben schneiden.
2. Schmalz erhitzen, darin Zwiebeln, Äpfel und Knoblauch glasig werden lassen. Lorbeerblätter zugeben und mit Wein ablöschen. Das Kraut zugeben, mit Salz und Zucker würzen und auf kleiner Flamme 30 Minuten kochen.
3. Anschließend gut auskühlen lassen. Wurst in dünne Scheiben schneiden. Kartoffeln, Sauerkraut und Wurstscheiben mischen und eventuell nochmals abschmecken. Das Öl zugeben.
4. Dieses Gericht kann auch mit gewürfeltem Schinken oder gewürfeltem und gebratenem Speck zubereitet werden.
5. Salat mit geschnittenen Frühlingszwiebeln bestreuen und mit Wurstscheiben belegen.

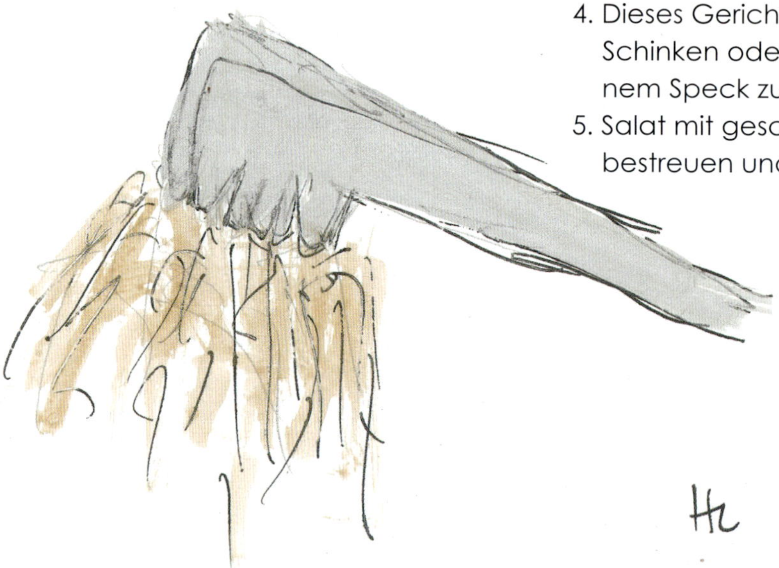

Salade de pommes de terre à l'alsacienne

Ingrédients

- 750 g pommes de terre nouvelles, à chair ferme (p.e. la ratte)
- 500 g choucroute
- 1/2 l vin blanc
- 2 pommes acides
- 2 cs saindoux
- 2 oignons émincés
- 2 gousses d'ail émincés
- 1 cs sucre
- 1 cc sel
- 2 feuilles de laurier
- vinaigre, huile
- 250 g saucisses fumées
- 1 botte de ciboule

Préparation

1. Laver les pommes de terre, les faire cuire à l'eau salée. Les laisser tiédir, puis éplucher et couper en rondelles.
2. Chauffer le saindoux, y faire blondir les oignons, les pommes et l'ail. Ajouter les feuilles de laurier et déglacer avec du vin. Ajouter la choucroute, assaisonner avec le sucre et le sel et faire cuire à petit feu pendant 30 minutes.
3. Laisser bien refroidir. Couper les saucisses en fines rondelles. Mélanger les pommes de terre, la choucroute et les saucisses, vérifier l'assaisonnement. Ajouter l'huile.
4. Variante : on peut aussi préparer ce plat avec des lardons ou des dés de jambon.
5. Disposer sur le dessus des ciboules ciselés et les rondelles de saucisse.

vegetarisch

Kallifornien

Kartoffelsalat »Kalifornische Art«

Man nehme

- 750 g kleine Salatkartoffeln, festkochend (zum Beispiel der Sorte »Linda«)
- 4 halbe Pfirsiche aus der Dose oder besser ganz reife, frische, geschälte Pfirsiche
- 200 g frischen Stangensellerie
- 4 EL Jogurt
- Mayonnaise
- 50 g Pinienkerne
- Salz, Pfeffer
- etwas weißen Essig
- (etwa 8 Erdbeeren, zusätzliche Pfirsiche und Pinienkerne zum Garnieren)

Zubereitung

1. Die Kartoffeln schälen, in Würfel von etwa 1,5 cm Kantenlänge schneiden und in leichtem Salzwasser noch mit Biss garen. Anschließend auf ein Sieb gießen und auskühlen lassen. Die Pfirsiche gleich groß schneiden. Den Sellerie waschen, in kleine Würfel schneiden, kurz blanchieren und ebenfalls auskühlen lassen. Aus Mayonnaise, Jogurt, Salz, Pfeffer, Essig und den gehackten Pinienkernen ein Dressing zubereiten. Pfirsiche, Kartoffeln und Sellerie dazugeben und den Salat etwa 1 Stunde abgedeckt im Kühlschrank ziehen lassen.
2. Wer den Salat etwas kalorienreicher mag, der kann zuerst die Pinienkerne mit 2 EL Erdnussöl mischen und über Nacht ziehen lassen. Diese Mischung zum Schluss dem Salat zugeben.
3. Nach dem Anrichten den Salat mit Pfirsichspalten, halben Erdbeeren und gehackten Pinienkernen garnieren.

Potato Salad

Man nehme

- 26½ oz. small (waxy) potatoes (for example, of the kind »Linda«)
- 4 peach halves from the can, or, better, very ripe peeled peaches
- 7 oz. fresh celery stalks
- 4 tbsp. yogurt
- 1¾ oz. pine nuts
- mayonnaise
- salt, pepper
- white vinegar
- (strawberries, more peaches and pine nuts to garnish the salad)

Zubereitung

1. Peel potatoes, cut into dices of ½ inch edge length and boil in saltwater until they are still a little firm. Then, pour into colander and let potatoes cool. Cut peaches into dices of the same size. Wash celery, cut into small dices, blanch shortly and let cool also. Prepare dressing from mayonnaise, yoghurt, salt, pepper, vinegar and diced pine nuts. Add peaches, potatoes and celery and keep it covered in refrigerator for about 1 hour.
2. If you like the salad with more calories, first mix pine nuts with two tablespoons of peanut oil and let them brew over night. Add this mixture to the salad as final step.
3. Serve salad with peach halves, strawberry halves and diced pine nuts.

vegetarisch

Peru

Papas a la Huancaína

Dieses Gericht ist wohl das beliebteste aller Kartoffelgerichte im Ursprungs-Kartoffelland Peru. Es gibt viele Rezepte, aber die meisten ähneln sich sehr. Und jede/r Koch/Köchin darf ruhig mit dem Grad der Schärfe experimentieren.

Im Allgemeinen isst man in Peru gerne scharfes Essen, insbesondere an der Küste. Dieses Gericht stammt allerdings aus Huancayo – einer Stadt (über 3.000 m) in den Anden .

In Deutschland würde sich das Gericht zum Beispiel gut als Buffetspeise anbieten. Die meisten, die es zum ersten Mal essen, sind begeistert.

Man nehme

- 8 Kartoffeln
- 4 hartgekochte Eier
- 1 Zwiebel
- 2 gelbe (oder ersatzweise rote) Chilischoten
- 2 Knoblauchzehen
- 300 g Frischkäse (z.B. Feta oder Ricotta)
- 1/2 Tasse Öl
- 1/4 l Milch
- Salz
- 12 schwarze Oliven
- Salatblätter
- 1 Päckchen salzige Cracker

Zubereitung

1. Kartoffeln kochen, schälen und, wenn sie kalt sind, in Scheiben schneiden.
2. Die Chilischoten (entkernt), die Zwiebel und die Knoblauchzehen leicht anbraten und abkühlen lassen.
3. Für die Salsa Huancaína: Chilischoten, Knoblauch, die Zwiebel und Öl in den Standmixer geben. Nach und nach Schafskäse (in Stückchen), Milch und zerbröselte Crackers zugeben. Zwischendurch immer warten, so dass die Zutaten gut vermischt sind.
4. Servieren: Auf einen Teller jeweils 1 bis 2 Salatblätter, 2 Kartoffeln in Scheiben und 2 Eihälften legen und mit Salsa Huancaína sowie Oliven anrichten.

Papas a la Huancaína

El nombre se remonta a la ciudad andina peruana Huancayo, donde se inventó la receta. Allí se cultiva papas a gran altitud y se produce el queso blando requerido, así que los ingredientes más importantes estaban a la mano y el plato cuadraba perfectamente a esta región.

Ingredientes

- 8 papas
- 4 huevos duros
- 1 cebolla
- 2 ajís amarillo frescos o (rojos)
- 2 dientes ajo pelados
- 300 g queso fresco (ricotta, feta o cabaña)
- 1/2 taza aceite
- 1 tarro Leche
- Sal
- 12 aceitunas negras para decoracion
- Hojas de lechuga para decoracion
- 1 paquete chico Galletas de soda

Preparación

1. Sancochar las papas y pelarlas y cuando enfríen partirlas en tajadas
2. Freír un poco al ají previamente despepitado, la cebolla y el ajo, dejar enfríar
3. Para preparar la salsa: vertir en la licuadora el ají, ajos, cebolla y aceite, y un poco del queso fresco trozado, leche y galletas. Comenzar a licuar mantiendo una mezcla espesa, a veces esperar para asegurar que todos los ingredientes estén bien mezclados. Agregando poco a poco y hasta terminar el resto de los ingredientes.
4. Servir: Colocando en cada plato 1–2 hojas de lechuga, las tajadas de 2 papas, dos medias de huevo, la salsa, y decorar con las aceitunas.

Frankreich

Bonnottes de Noirmoutier mit Schellfisch und Kapern

Man nehme

- 12 Bonnotte-Kartoffeln de Noirmoutier
- 1 Schellfischfilet
- 1 rosa Pampelmuse
- 1 Handvoll Kapern
- Salz
- Pfeffer aus der Mühle
- Sesamöl

Zubereitung

1. Das Schellfischfilet zwei Stunden in Milch einlegen. Die Einweichmilch wegschütten und den Fisch in einer Mischung aus Milch und Wasser 10 Minuten lang garen. Die Kartoffeln gründlich waschen und dämpfen, bis sie gar sind. Das Pampelmusenfleisch auslösen. Die Kartoffeln mit der Hand aufbrechen und zerteilen, ohne die Schalen zu entfernen. Würzen.
2. Kartoffeln, ausgelöstes Pampelmusenfleisch und Schellfisch zu gleichen Teilen anrichten und die Kapern darüber streuen. Ein Schuss Sesamöl darübergießen. Das Gericht wird lauwarm gegessen.

Bonnottes de Noirmoutier au Haddock et aux câpres

Ingrédients

- 12 Bonnottes de Noirmoutier
- 1 filet de haddock
- 1 pamplemousse rose
- 1 poignée de câpres
- sel
- poivre du moulin
- huile de sésame grillé

Préparation

1. Deux heures avant, faire reposer le filet de haddock dans du lait. Jeter le lait puis faire cuire le poisson dans un mélange de lait et eau pendant 10 minutes. Bien laver les pommes de terre et les cuire à la vapeur jusqu'à ce qu'elles soient tendres. Découper le pamplemousse en suprêmes en faufilant une lame de couteau entre la peau des quartiers. Couper les pommes de terre en portions, les „ouvrir" à la main de façon irrégulière. Les servir avec la peau en tout cas. Les assaisonner.
2. Puis dresser en répartissant pommes de terre, pamplemousse et haddock et en disséminant des câpres. Verser un filet d'huile de sésame grillé. C'est prêt et la dégustation se fait tiède.

Syrien

Kartoffeln mit Knoblauch und getrocknetem Koriander

Man nehme

- 6 große Kartoffeln (festkochende Kartoffeln zum Beispiel der Sorte »Linda« oder »Belana«)
- 8 Knoblauchzehen
- 2 TL Paprikapaste
- 1 TL getrockneten Koriander
- Salz
- schwarzen Pfeffer, frisch gemahlen
- Saft von einer frischen Zitrone
- 1–1½ Tasse Pflanzenöl

Zubereitung

1. Kartoffeln schälen, waschen, in Würfel schneiden und in einer Pfanne mit dem Öl goldbraun anbraten, dann in einem Sieb zum Abtropfen warm beiseite stellen.
2. Knoblauch schälen und kleinschneiden. Mit dem Koriander und der Paprikapaste in einer Pfanne unter schwacher Hitze mit dem Öl leicht schmoren.
3. Kartoffeln in eine Schüssel geben. Knoblauch-Koriandersud über die Kartoffeln gießen und mit schwarzem Pfeffer, Salz und Zitronensaft abschmecken.

Kann warm oder kalt serviert werden, dazu empfiehlt man kalten Jogurt.

سطاطب موثلاب ةربزكلاو ةفشانل

•ةعطقمو ةرشقم, ريبك •مجح اطاطب ٦
•ةريبك تاباعكم
•سورهم موث صف ٨
•ةلفيلف •سبد هريغص ةقعلم ٢
ةفاج ةربزك هريغص ةقعلم ١
• دوسأ لفلفوحلم
• ضماح نوميل ريصع ١
• يللقلل • يتابن تيز بوك ١/٢ ١

ناب.

٢. عضوي ةطسوتم ران ىلع ةالقم يف
ةلفيلفلا سبدو ةربزكلا عم موثلا
اليلق اوبلقيو يتابن تيز ةريبك ةقعلمو
فاضيو سطاطبلا عضوت مث اوطلتخي ىتح
مث ضعب عم اوبلقيو لفلفلاوحلملا
مدقتو نوميللا ريصع فاضي .

Aufläufe und Pasteten

Australien

Kartoffeln Lord Byron

Benannt sind diese gebackenen Kartoffeln nach Lord John Byron (1723–1786), der im 18. Jahrhundert als britischer Admiral und Entdeckungsreisender in der Südsee mehrere Inseln entdeckte.

Man nehme

- 4 große festkochende Kartoffeln (zum Beispiel der Sorte »Belana«)
- 150 ml Sahne
- 25 g Butter
- schwarzen Pfeffer (frisch gemahlen)
- 1/2 Bund gehackten Schnittlauch
- 100 g geriebenen Cheddarkäse

Zubereitung

1. Den Backofen auf 200° C vorheizen.
2. Die Kartoffeln gut waschen, die Schale mehrfach mit einem spitzen Gegenstand einstechen und Kartoffeln im vorgeheizten Ofen ca. 45–60 Minuten lang backen.
3. Die Kartoffeln aus dem Ofen nehmen, der Länge nach aufschneiden und das weiche Innere mit Hilfe eines Löffels aus der Schale heben. Die Kartoffelmasse in eine gebutterte Auflaufform geben, salzen und pfeffern, mit Sahne übergießen und Käse bestreuen.
4. Im Ofen oder unter dem Ofengrill (das geht schneller, da die Kartoffeln nun schon gar sind) knusprig goldbraun backen. Vor dem Servieren etwas abkühlen lassen.
5. Das Gericht schmeckt hervorragend als Beilage zu Roastbeef oder Popovers.

Lord Byron Potatoes

This potato bake recipe is named after Lord John Byron (1723–1786) who discovered several South See Islands as a British Admiral and explorer in the 18th century.

Man nehme

- 4 large firm boiling potatoes
- 150 ml single cream
- 25 g Butter
- Black pepper (freshly ground)
- 1/2 Bunch chopped chives
- 100 g ground cheddar

Method

1. Preheat oven to 200° C.
2. Thoroughly wash the potatoes and prick potato skin with a fork, then bake in the oven for 45–60 minutes.
3. Remove the potatoes from the oven, slice them in halve and scoop the soft centre out of the skin into a buttered baking dish. Salt and pepper and pour the cream over the potato flesh, then sprinkle the cheddar on top.
4. Using the oven grill, bake until golden brown. Leave to cool.
5. This dish is an excellent side for a roast or with popovers.

Brasilien

Stockfisch mit Zwiebeln und Kartoffeln

Man nehme

- 600 g Stockfisch
- 240 ml Olivenöl
- 4 mittelgroße Zwiebeln, in Scheiben geschnitten
- 1 TL glatte Petersilie, kleingehackt
- 3 geschälte Knoblauchzehen, feingehackt
- 400 g vorwiegend festkochende Pellkartoffeln, gekocht, geschält und in Scheiben geschnitten (zum Beispiel der Sorte »Désirée«)
- Salz
- 3 hartgekochte Eier, in Scheiben geschnitten
- 12 grune, entsteinte Oliven, in kleine Stücke geschnitten

Zubereitung

1. Stockfisch 24 Stunden in eine Schüssel mit Wasser legen. Wasser viermal austauschen. Am nächsten Tag abgießen und in einem Topf mit frischem Wasser 5 Minuten kochen. Aus dem Wasser nehmen, Gräten entfernen, in kleine Stückchen zerteilen und beiseite stellen.
2. Backofen auf 180° C (Gas 4) vorheizen.
3. Öl in einer tiefen Pfanne erhitzen und Zwiebeln, Petersilie und Knoblauch anschwitzen. Stockfisch und Kartoffeln hinzufügen und 10 Minuten braten, bis die Kartoffeln goldbraun sind. Nach Geschmack salzen.
4. Kartoffel-Fischmischung in eine große Backform geben und im vorgeheizten Backofen 10 bis 15 Minuten backen. Mit Ei und Oliven anrichten und servieren.

Bacalhau à Gomes de Sá

Ingredientes

- 600 g de bacalhau
- 240 ml de azeite
- 4 cebolas médias, cortadas em rodelas
- 1 colher de chá de salsa picada
- 3 dentes de alho sem casca picados
- 400 g de batatas cozidas com a casca, e depois descascadas e cortadas em rodelas (variedade de batata que fique firme quando cozida, por exemplo a variedade »Désirée«)
- Sal
- 3 ovos cozidos, cortados em rodelas
- 12 azeitonas verdes sem caroços, cortadas em pedaços pequenos

1. Deixar o bacalhau em água durante 24 horas. Mudar 4 vezes a água. Tirar da água no outro dia e cozer durante 5 min em água nova. Escorrer, tirar as espinhas e desfiar. Reservar. Aquecer o forno a 180° C/gás 4.
2. Aquecer azeite numa frigideira funda e refogar as cebolas, a salsa e o alho.
3. Juntar o bacalhau e as batatas e deixar saltear durante 10 minutos até as batatas estarem bem douradas. Juntar sal a gosto, tendo em atenção que o bacalhau já é salgado.
4. Pôr a mistura de batatas e o peixe numa forma grande e gratinar no forno aquecido durante 10 a 15 minutos. Servir com os ovos e as azeitonas.

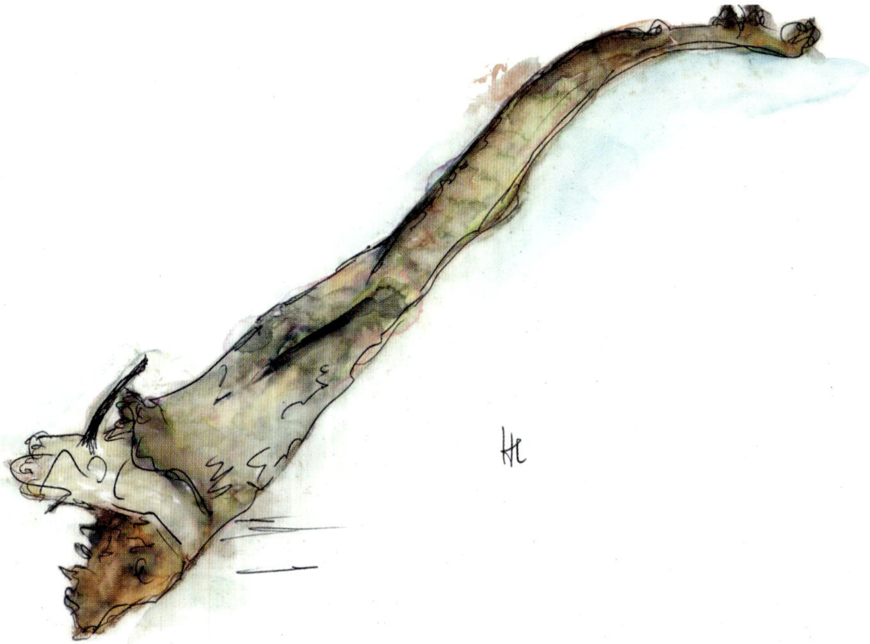

England

Schafhirten-Pastete

Variante x von vielen

Rezept für 6 Personen

Man nehme

- 2 Zwiebeln
- 3 Knoblauchzehen
- 500 g Karotten
- 1 kg Hackfleisch vom Lamm
- 1 EL frischen Thymian (gehackt)
- 1 Rosmarinzweig (Nadeln gehackt)
- 2 EL Tomatenmark
- 100 ml Rotwein
- 250 ml heiße Fleischbrühe
- 3 Spritzer Worcestershire-Soße
- 1,2 kg mehlig kochende Kartoffeln (zum Beispiel der Sorte »Ackersegen« oder »Franceline«)
- 150 g Butter
- 3 Eigelb
- 50 g geriebenen Parmesan
- Olivenöl
- Salz
- Pfeffer

Zubereitung

1. Zwiebeln schälen und sehr fein hacken.
2. Knoblauch schälen und durch eine Knoblauchpresse drücken.
3. Karotten schälen und mit Hilfe einer Küchenreibe feinraspeln.
4. Kartoffeln schälen.
5. Einen großen Topf mit Wasser aufsetzen und zum Kochen bringen. Sobald das Wasser kocht, etwas Salz hinzufügen und die Kartoffeln hineingeben. Temperatur reduzieren und ca. 20 Min. köcheln, bis man mit einem Messer hineinstechen kann und auf keinen Widerstand mehr stößt. Die Kartoffeln abgießen und beiseite stellen.
6. In der Zwischenzeit eine große (antihaft) beschichtete Pfanne bei hoher Hitze heiß werden lassen. Das Lamm darin portionsweise mit Thymian anbraten, bis es braun wird (die Farbe ist für den Geschmack später sehr wichtig). Das gebräunte Lammhack auf einen Teller mit Küchenpapier geben, damit das überschüssige Fett abtropfen kann.
7. Einen großen Topf bei mittlerer Hitze heiß werden lassen. 2–3 Esslöffel Olivenöl hineingeben und Zwiebeln, Knoblauch, Karotten darin anbraten, bis sie anfangen, goldbraun zu werden. Rosmarin hinzufügen, mit etwas Salz und Pfeffer würzen und ca. 5 Minuten weiter anbraten.
8. Lammhack und Tomatenmark zum Gemüse geben, gut durchmischen und mit dem Rotwein ablöschen. Köcheln lassen, bis sich die Flüssigkeit um die Hälfte verringert hat. Im Anschluss die heiße Brühe dazugießen, mit Salz, Pfeffer und Worcestershire-Soße abschmecken und aufkochen lassen. Danach die Temperatur reduzieren und ca. 20 Minuten sanft köcheln lassen.
9. Ofen auf 200° C erhitzen und eine große Auflaufform mit Öl einfetten.
10. Kartoffeln kleinschneiden und in eine große Schüssel geben. Butter und Eigelb dazugeben und mit einem Kartoffelstampfer gründlich stampfen, bis man ein feines Püree hat. Die Hälfte des Parmesan unterrühren und mit Salz und Pfeffer würzen.
11. Die Fleisch-Gemüse-Mischung gleichmäßig in der Auflaufform verteilen. Das Kartoffelpürree mit einem Löffel gleichmäßig über dem Fleisch verteilen, so dass alles gut bedeckt ist. Mit dem restlichen Parmesan bestreuen.
12. Die Pastete ca. 25–30 Min. backen, bis er goldbraun ist. Anschließend aus dem Ofen nehmen, 10 Min. abkühlen lassen und servieren.

Shepherd's Pie

Ingredients

- 2 onions
- 3 cloves of garlic
- 500 g carrots
- 1 kg minced lamb
- 1 tbs of freshly chopped thyme
- 1 tbs of freshly chopped rosemary
- 2 tbs of tomato paste
- 100 ml red wine
- 250 ml hot beef or lamb stock
- 3 dashes of Worcestershiresauce
- 1,2 kg floury potatoes
- 150 g butter
- 3 egg yolks
- 50 g parmesan (grated)
- olive oil
- salt
- pepper

Method

1. Peel the onions and chop them finely
2. Peel the garlic and press it through a garlic press.
3. Peel the carrots and grate them finely.
4. Peel the potatoes.
5. Fill a large pot with salted water and bring to a boil, then add the potatoes. Reduce the temperature and simmer for 20 min until the potatoes are soft, then drain and set them aside.
6. In the meantime, heat up a large nonstick pan and brown the the lamb with the thyme in batches. (the colour will be great importance for the taste later) Drain excess fat off the browned lamb mince set aside on a plate lined with kitchen roll.
7. Heat up 2–3 tablespoons of olive oil in a large pot and and add the chopped onions, the garlic and the carrots. Roast until the vegetables are starting to become golden brown. Add the rosemary and season with a little salt and pepper, then roast for 5 more minutes.
8. Add the browned minced lamb and the tomato paste to the vegetables, mix everything through, then add the red wine. Cook until the liquid content has halved, then add the hot stock and season to taste with salt, pepper and worcestershire sauce. Bring the mixture to a boil, then lower the heat and simmer softly for 20 minutes.
9. Preheat the oven to 200° C and grease a large casserole dish with oil.
10. Chop the potatoes into a large bowl with the butter and the egg yolks, then mash them thoroughly until an even and fine constancy has been reached. Add half of the parmesan cheese and season with salt and pepper.
11. Create an even layer of the vegetable meat mix across the base of the casserole dish. Spread the potato mash evenly on top so it covers all of the vegetable and meat layer.
12. Sprinkle the remaining parmesan over the top and bake for 25–30 minutes until golden brown. Leave to cool for 10 minutes then serve.

Neuseeland

Shepherd's Pie

Man nehme

- 1 EL Olivenöl
- 1 Zwiebel
- 1 Karotte
- 2 Stangen Sellerie
- 500 g Hackfleisch vom Lamm
- 2 EL Mehl
- 500 ml Rindsbouillon
- 1 Lorbeerblatt
- 1 EL Worcestershire-Soße
- 1 EL Tomatenmark
- Salz und frisch gemahlenen Pfeffer
- 800 g Kartoffeln
- 40 g Butter
- 125 ml Milch
- Butter zum Bestreichen

Zubereitung

1. Das Olivenöl in einem großen Kochtopf bei mittlerer Temperatur erhitzen. Zwiebel, Karotte und Sellerie abziehen und in kleine Würfel schneiden, im Öl ca. fünf Minuten anbraten. Das Hackfleisch dazugeben und ca. fünf Minuten mitbraten, bis es durch ist. Das Mehl unterheben und einige Minuten weiterbraten lassen. Anschließend Rindsbouillon, Lorbeerblatt, Worcestershire-Soße und Tomatenmark zu der Masse in den Topf geben, gut umrühren und das Ganze aufkochen lassen. Bei schwacher Hitze ca. 30 Minuten köcheln lassen, zwischendurch umrühren. Mit Salz und Pfeffer abschmecken.
2. In der Zwischenzeit die Kartoffeln schälen und vierteln. In einem Kochtopf mit gesalzenem, kochendem Wasser die Kartoffeln ca. 15 Minuten kochen lassen, bis sie gar sind. Die Kartoffeln abgießen und im Kochtopf mit Hilfe einer Gabel oder eines Kartoffelstampfers mit der Butter zu Kartoffelmus verarbeiten. Die Milch hinzugeben und mit Hilfe eines Schneebesens zu einer sämigen Masse verrühren. Mit Salz und Pfeffer abschmecken.
3. Den Ofen auf 200° C (Umluft 180° C) vorheizen. Die Hackfleischmasse in eine Auflaufform (2 l Fassungsvermögen) füllen. Anschließend das Kartoffelmus auf dem Hackfleisch verteilen. Mithilfe einer Gabel die Hackfleischmasse an einigen Stellen über dem Kartoffelmus verteilen. Das Ganze mit etwas Butter bestreichen. Im vorgeheizten Backofen ca. 20 Minuten goldbraun backen.

Shepherd's Pie

Ingredients

- 1 tbs olive oil
- 1 brown onion, halved, finely chopped
- 1 carrot, peeled, finely chopped
- 2 celery sticks, trimmed, finely chopped
- 500g lamb mince
- 2 tbs plain flour
- 500ml (2 cups) beef stock
- 1 dried bay leaf
- 1 tbs Worcestershire sauce
- 1 tbs tomato paste
- Salt & freshly ground black pepper
- 4 (about 200g each) desiree potatoes, peeled, chopped
- 40g butter
- 125ml (1/2 cup) milk
- Melted butter, to brush

Method

1. Heat oil in a large saucepan over medium-high heat. Add onion, carrot and celery and cook, stirring, for 5 minutes or until soft. Add lamb mince and cook, stirring to break up any lumps, for 5 minutes or until lamb changes colour.
2. Add the flour and cook, stirring, for 2 minutes or until combined. Add stock, bay leaf, Worcestershire sauce and tomato paste. Bring to the boil. Reduce heat to low and cook, stirring occasionally, for 30 minutes or until sauce thickens. Taste and season with salt and pepper.
3. Meanwhile: cook potato in a saucepan of salted boiling water for 15 minutes or until tender. Drain well. Return to the pan with the butter. Use a potato masher or fork to mash until smooth. Add milk and use a wooden spoon to stir until combined. Taste and season with salt and pepper.
4. Preheat oven to 200° C. Spoon lamb mixture into a 2L (8-cup) capacity ovenproof baking dish. Top with mashed potato and use a fork to spread over lamb mixture. Brush with butter. Bake in preheated oven for 20 minutes or until mashed potato is golden brown.

Italien

Kartoffelauflauf Apulien

Man nehme

- 1,2 kg vorwiegend festkochende Kartoffeln (zum Beispiel der Sorte »Désirée«)
- Salz
- 50 ml Olivenöl extravergine
- 1 Zwiebel
- 1 kleine Dose geschälte Tomaten
- 120 g schwarze Oliven
- 2 EL Kapern
- 4 in Salz eingelegte Sardellenfilets

Zubereitung

1. Kartoffeln mit der Schale weichkochen. Abgießen, pellen und durch ein Kartoffeleisen pressen. Salzen und mit drei Esslöffeln Olivenöl verrühren. Abdecken und ruhen lassen.
2. Zwiebel in dicke Scheiben schneiden. In einer kleinen Pfanne einen Esslöffel Olivenöl erhitzen und die Zwiebel darin weichdünsten, aber nicht bräunen.
3. Dosentomaten abtropfen lassen und mit einer Gabel zerpflücken. Bei milder Hitze 15–20 Minuten mit der Zwiebel mitschmoren, dann salzen.
4. In der Zwischenzeit die Oliven entsteinen und kleinschneiden. Die Kapern abtropfen lassen. Die Sardellen entsalzen und feinwürfeln.
5. Oliven, Kapern und Sardellen vermengen.
6. Ofen auf 200° C vorheizen.
7. Eine Auflaufform mit Olivenöl einpinseln. Die Hälfte der Kartoffeln in die Form streichen. Darüber die ganze Tomatensoße verteilen und mit der Olivenmischung bestreuen.
8. Mit der zweiten Hälfte der Kartoffelmasse abdecken. Im heißen Ofen 15–20 Minuten backen. In Apulien wird dieser Auflauf zimmerwarm oder kalt gegessen.

Quelle: La Cucina Casalinga, herausgegeben von Susanne Bunzel, München 1995

Sformato di patate – Puglia

Ingredienti

- 1200 g di patate, prevalentemente sode
- sale
- 50 ml olio d'oliva extravergine
- 1 cipolla
- 1 scatoletta di pomodori pelati
- 120 g olive nere
- 2 cucchiai di capperi
- 4 filetti di acciughe sotto sale

Preparazione

1. Lessare le patate non sbucciate in acqua bollente salata fino a quando saranno tenere. Scolare, sbucciare, passarle allo schiacciapatate. Salare e mischiare con tre cucchiai di olio d'oliva. Coprire e lasciare riposare.
2. Tagliare le cipolle a fette grandi. Scaldare in una padella un cucchiaio d'olio e cucinare le cipolle a quando saranno tenere, senza rosolarle. Scolare i pomodori in scatola e spezzettare con una forchetta. Cucinarli a fuoco basso con la cipolla per ca. 15–20 minuti, poi salare. Nel frattempo snocciolare le olive e tagliare a pezzettini. Scolare i capperi. Dissalare le acciughe e tagliarle a dadini. Mischiare olive, capperi e acciughe.
3. Scaldare il forno a 200° C. Oliare una pirofila e mettere la metà delle patate. Versare tutto il sugo di pomodori e coprire con la miscela delle olive. Coprire con il secondo strato di patate. Cucinare nel forno caldo per ca. 15-20 minuti.
4. In puglia lo sformato è servito tiepido o freddo.

Da: La Cucina Casalinga, a cura di Susanne Bunzel, München 1995

Madagaskar

Pfeffer-Krüstchen Madagaskar

Man nehme

- 400 g Schweinefilet
- 400 g Putenfilet
- 12 Scheiben Frühstücksspeck
- 2 EL Olivenöl
- Salz
- Pfeffer
- 200 g Champignons
- 4 Lauchzwiebeln
- 1 Flasche Drei-Pfeffer-Soße (250 ml)
- 200 g Schlagsahne
- 100 g Gouda-Käse
- 750 g kleine festkochende Kartoffeln (zum Beispiel der Sorte »Hansa«)
- 1 Bund krause Petersilie
- 20 g Butter oder Margarine

Zubereitung

1. Schweine- und Putenfleisch waschen und jeweils in 6 Medaillons schneiden. Fleischstücke mit Speck umwickeln. Öl in einer großen Pfanne erhitzen. Fleisch darin rundherum bei starker Hitze 2–3 Minuten anbraten. Mit Salz und Pfeffer würzen, herausnehmen. Champignons säubern und putzen.
2. Lauchzwiebeln putzen, waschen und in Stücke schneiden. Bratensatz vom Fleisch erhitzen. Champignons darin unter Wenden 2–3 Minuten braunbraten. Lauchzwiebeln zugeben, 1–2 Minuten weiterbraten. Pfeffersoße und Sahne verrühren. Pilze damit ablöschen. Mit Salz und Pfeffer abschmecken.
3. Fleisch und Pilze mit Soße in einer großen Auflaufform verteilen. Käse raspeln, darüberstreuen und im vorgeheizten Backofen (E-Herd: 175° C / Umluft: 150° C / Gas: Stufe 2) ca. 30 Minuten backen.
4. Inzwischen Kartoffeln schälen, waschen und in kochendem Salzwasser ca. 20 Minuten garen. Petersilie waschen, trockentupfen, Blättchen von den Stielen zupfen und hacken. Kartoffeln abgießen und abdämpfen lassen. Fett zugeben und schmelzen. $^2/_3$ gehackte Petersilie zugeben und durchschwenken.
5. Auflauf mit übriger Petersilie bestreuen und mit den Kartoffeln servieren.

Pepper Krüstchen Madagascar

Ingrédients

- 400 g de filet de porc
- 400 g de blanc de dinde
- 12 tranches de bacon
- 2 cuillères à soupe d'huile d'olive
- Sel
- Poivre
- 200 g de champignons
- 4 oignons blancs
- 1 bouteille de sauce aux 3 poivres (250 ml)
- 200 g de crème chantilly
- 100 g de Gouda
- 750 g de petite pomme de terre (par exemple, des »charlottes«)
- 1 bouquet de persil
- 20 g de beurre ou margarine

Préparation

1. Il faut tout d'abord laver le filet de porc et les blancs de dinde et les couper en 6 médaillons. Enrouler les pièces de viande avec du bacon. Faire chauffer l'huile dans une grande poêle. Faire frire la viande pendant 2–3 minutes de chaque côté à forte température. Assaisonner avec du sel et du poivre puis retirer du feu et laver les champignons.
2. Laver 2 oignons blancs et les couper en petits morceaux. Faire chauffer le jus de la viande. Mettre les champignons à cuire pendant 2–3 minutes jusqu'à ce qu'ils brunissent et ajoutez-y les oignons blancs, faire frire à nouveau pendant 1 à 2 minutes. Mélanger le poivre et la crème. Déglacer les champignons. Assaisonner avec du sel et du poivre.
3. Mettre la viande et les champignons dans un grand plat de cuisson puis faire gratiner le gouda. Faire cuire le tout pendant 30 minutes dans un four préchauffé. (Four électrique 175° C, Four chaleur tournante 150° C.)
4. Pendant ce temps laver et éplucher les pommes de terre et les faire cuire 20 minutes dans l'eau bouillante salée. Laver le persil puis faites le sécher et hacher le finement. Egoutter les pommes de terre puis ajouter les $^{2}/_{3}$ du persil ciselé.
5. Server le reste du persil avec les pommes de terre.

Türkei

Türkische Hähnchenpfanne

Man nehme

- 1 kleine Aubergine (ca. 400 g)
- Salz
- 1 Hähnchen (ca. 1,2 kg)
- schwarzen Pfeffer aus der Mühle
- 1 EL edelsüße Paprika
- 400 g festkochende Kartoffeln (zum Beispiel der Sorte »Linda«)
- 500 g Tomaten
- 1 gelbe Paprikaschote
- 1 grüne Peperoni
- 2 kleine Zwiebeln
- 50 g Butter

Zubereitung

1. Von der Aubergine das Stielende entfernen, das Gemüse in 0,5 cm dicke Scheiben schneiden und mit Salz bestreuen oder in Salzwasser legen. Mindestens 20 Minuten ziehen lassen.
2. Währenddessen das Hähnchen waschen, trockentupfen und in acht Teile schneiden. Mit Salz, Pfeffer und mit ½ EL edelsüßer Paprika einreiben. Den Ofen auf 220° C vorheizen.
3. Kartoffeln schälen, waschen und in dünne Scheiben schneiden. Tomaten blanchieren, häuten, halbieren und ohne Stängelansätze und Kerne in Stücke teilen. Die gewaschene Paprikaschote und Peperoni halbieren sowie ohne Stängelansätze und Kerne in feine Streifen schneiden. Die Zwiebeln schälen und feinhacken.
4. Einen großen Bräter mit der Hälfte der Butter ausstreichen. Die Aubergine gut ausdrücken und mit dem anderen Gemüse in den Bräter schichten. Mit Salz, Pfeffer und dem restlichen Paprika würzen und zugedeckt 10 Minuten bei 220° C vorgaren, dabei einmal umrühren.
5. Den Deckel abnehmen, das Gemüse mit den Hähnchenteilen bedecken und mit der restlichen Butter in kleinen Flöckchen belegen. Etwa 30 Minuten bei 220° C offen garen.
6. Einige Minuten im abgeschalteten Ofen nachgaren lassen, dann im Bräter auf den Tisch bringen.

Türk usulü tavada tavuk

Malzemeler

- Bir küçük patlıcan (yaklaşık 400 gr)
- Tuz
- Bir tavuk (yaklaşık 1,2 kg)
- Taze çekilmiş kara biber
- Bir çorba kaşığı tatlı biber
- 400 gr haşlanmış patates (örn: »Linda« cinsinden)
- 500 gr domates
- Bir sarı sivri biber
- Bir yeşil sivri biber
- İki küçük kuru soğan
- 50 gr. tereyağı

Hazırlanması

1. Patlıcanın sapını kestikten sonra 0,5 cm kalınlığında dilimleyin ve üzerine tuz serpin veya tuzlu suya koyarak en az 20 dakika bekletin.
2. Bu esnada tavuğu yıkayın, kurulayın ve sekiz parçaya bölün. Tuz, biber, ve ½ çorba kaşığı tatlı biberi bu parçalara sürün. Fırını 220 °C' de ısıtın.
3. Patatesleri yıkayıp soyun ve ince dilimlere bölün. Domatesleri haşlayıp kabuklarını soyun. Sonra ikiye bölüp sap kısmından parça ve çekirdek bırakmadan küçük parçalara bölün. Yıkanmış sarı biber ve sivri biberleri ikiye bölün, sapından ve çekirdeklerinden ayırıp ince dilimler halinde doğrayın. Soğanları soyup küçük parçalar halinde doğrayın.
4. Tereyağının yarısıyla büyük bir tavanın içini yağlayın. Patlıcanı iyice sıkıp diğer sebzelerle beraber tavaya kat kat dizin. Tuz, biber ve geriye kalan sarı sivri biberi tavaya ekleyip kapağı kapalı olarak 220° C'de on dakika pişirin. Bu arada bir defa karıştırın.
5. Kapağı kaldırın. Sebzeyi tavuk parçalarıyla örtüp kalan tereyağını küçük parçalar halinde üzerine serpin. Fırında 220° C'de yaklaşık 30 dakika pişirin.
6. Fırını kapattıktan sonra birkaç dakika pişirmeye devam edin. Daha sonra tava ile masaya koyun.

Mexiko

Pambazos gefüllt mit Kartoffeln und Chorizo

Man nehme

Kartoffeln mit Chorizo

- 4 vorwiegend festkochende Kartoffeln (zum Beispiel der Sorte »Grandifolia«) in Salzwasser gekocht (500 g)
- 1 Zwiebel
- 2 Knoblauchzehen
- 120 g gute Chorizo Ranchero
- 1 TL süßes Paprikapulver
- 6 große Pambazos (oder rustikale Brötchen, die nicht weich sein sollten)
- 2 Tassen Blattsalat
- Salz nach Geschmack
- Pflanzenöl
- frische saure Sahne
- zerbröckelten Queso fresco (oder Schafskäse oder Cottage Käse)

Guajillo-Soße

- 7 Guajillo-Chilis oder Chilischoten
- eine halbe Zwiebel
- 1 Knoblauchzehe
- Salz nach Geschmack
- Chiliwasser
- 3 Tomaten
- rotes Paprikapulver
- Cayennepfeffer
- 1 EL getrockneten Oregano

Zubereitung

1. Die geschälten Kartoffeln in einen Topf mit Salzwasser geben und bei starker Hitze zum Kochen bringen. Wenn das Wasser anfängt zu kochen, sollte die Temperatur reduziert werden, um zu vermeiden, dass die Kartoffeln zerbrechen.
2. Die Kartoffeln in Würfel schneiden. Die Zwiebel schälen und feinschneiden. Die Chorizo gleichfalls kleinschneiden.
3. Das Öl erhitzen und die Kartoffeln, Chorizo und Zwiebeln zusammen mit 1 TL Paprikapulver anbraten, bis alles braun ist.
4. Die Guajillo Chilis, die Tomaten, den Oregano, Knoblauch und Zwiebeln köcheln, bis die Zutaten weich sind. Die Zutaten werden dann in einem Mixer mit etwas Wasser gemixt. Die Soße sollte etwas flüssig bleiben. Danach werden die Brötchen mit der Soße bestrichen.
5. Das knusprige Brötchen wird in der Mitte halbiert, die Innenseiten mit der Guajillo-Chile-Soße von beiden Seiten bepinselt und mit etwas heißem Öl in der Pfanne beidseitig gebraten, bis die Seiten goldgelb sind.
6. Den Kartoffel-Chorizo-Eintopf in die Vertiefung geben und mit ein bisschen dünn geschnittenem Salat, saurer Sahne und zerkrümeltem Käse belegen. Die Guajillo-Soße wird nach Geschmack hinzugefügt.

Pambazos rellenos de Papa con Chorizo

Ingredientes

Papas con chorizo

- 4 Papas cocidas en agua con sal (500 grm)
- 1 cebolla
- 2 dientes deajo
- 120 g de buen chorizo ranchero
- 1 cucharada de pimentón
- 6 pambazos grandes (puedes sustituir con teleras, o bollos salados)
- 2 tazas de lechuga finamente picada
- Sal al gusto
- Aceite vegetal
- Crema ácida fresca
- Queso fresco desboronado, o queso Cotija

Salsa de guajillo

- 7 chiles guajillos o chiles rojos
- media cebolla
- 1 diente de ajo
- Sal al gusto
- Agua de los chiles
- 3 Tomates
- Pimiento morron rojo en polvo molido
- Pimienta Cayen
- 1 cuchara de te Oregano seco

Preparación

1. Cocer las papas ya peladas en agua con sal que las cubra. Primero a fuego fuerte para que hierva. Cuando empiece a hervir se baja el fugo a lento para que las papas se cuezan lentamente y no se abran.
2. Se cortan las papas en cuadritos, así como el chorizo finamente picado y la cebolla. Se calienta el aceite y se frie el chorizo junto con las papas y una cucharada de pimento rojo hasta que dore.
3. Los chiles guajillos, el tomate, el orégano, el ajo y la cebolla se hierven tapados hasta que se ablanden. Se colocan los ingredientes en la licuadora y se muelen con el agua. Colar esta salsa que debe quedar algo líquida para poder barnizar los pambazos .
4. Se cortan los panes (pueden ser teleras o cualquier pan rustico salado de corteza dura, no suaves) transversalmente sin separar las mitades. Barniza en la salsa de guajillo y freir en aceite caliente, por los dos lados hasta que queden dorados.
5. Rellena los pambazos con el guiso de papa con chorizo, arriva se pone un poco de lechuga finamente rebanada, crema y al final el queso desmoronado. Se agrega salsa picante al gusto.

Mexiko

vegetarisch

Gefüllte Quesadillas mit Kartoffeln, Frischkäse und Kürbisblüten

Man nehme

- 2–3 festkochende Kartoffeln (300 g) (zum Beispiel der Sorte »Sieglinde«)
- 150 g Frischkäse (z. B. Schafskäse)
- Kürbisblüten
- Epazote (mexikanisches Bohnenkraut oder genauer: mexikanischer Drüsengänsefuss – im Bioladen oder Versandhandel erhältlich)
- 6 Maistortillas (120 g)
- Pfeffer nach Geschmack
- 1/2 TL Salz

Quesadilla

Für den Teig wird benötigt:

- 2 Tassen Maismehl
- 3/4 Tasse Wasser
- Weizenmehl Salz nach Geschmack

Chili-Soße

- 2 Tomaten
- eine halbe Zwiebel
- Serrano-Chili oder rote Chilischoten
- 1 Knoblauchzehe
- Salz

Zubereitung der Tortilla

1. In einen Topf 2 Tassen Maismehl geben und nach und nach Wasser hinzufügen. Der Teig wird verknetet und 10 Minuten ruhen gelassen. Aus dem Teig dünne, leicht ovale Ballen vorbereiten. Ballen ausrollen, bis die Tortilla einen Durchmesser bis ca. 8 cm und einer Dicke von 5 mm hat.

Zubereitung der Füllung

2. Kartoffeln schälen und in gesalzenem Wasser kochen. Durch eine Kartoffelpresse drücken und auskühlen lassen. Danach mit Käse und Salz abschmecken und die feingehackte Epazote hinzufügen.

Zubereitung der roten Soße

3. Tomaten, Knoblauch und Zwiebel in einem Topf mit gesalzenem Wasser kochen. Wenn die Zwiebel weich ist, alles in einem Mixer oder mit einem Zauberstab zusammen mit dem Serrano-Chili oder den Chillischoten mixen. Anschließend mit Salz abschmecken.

Zubereitung Quesadilla

4. In die Mitte der Tortilla werden die Kartoffelfüllung und ein paar Blätter der zuvor gewaschenen Kürbisblüten gegeben. Die Quesadilla wird geschlossen und mit etwas Weizenmehl paniert.
5. Eine Pfanne mit Speiseöl heiß werden lassen und die Tortilla braten, bis die Quesadilla goldbraun geworden ist.
6. Warm und mit Kopfsalat, Sahne und roter Soße servieren.

Quesadillas de Papa con queso y flor de calabaza

Ingredientes

- 2 Papas (300 gr)
- 150 gr de Queso fresco
- Flor de calabaza
- epazote
- 6 Tortillas de Maíz (120 gr)
- Pimienta al gusto
- 1/2 cucharada de Sal

Ingredientes Para Quesadilla

Para la masa necesitaran

- 2 tasas de harina de maiz
- agua
- harina de trigo sal al gusto

Ingredientes para salsa roja

- 2 tomates
- media cebolla
- chile serrano o chiles rojos
- 1 cabeza de ajo
- sal

Preparación de Tortilla

1. Agregar 2 tasas de harina de maiz y agregar poco a poco agua, hasta que quede una consistencia manejable para hacer una tortilla. Las torillas se hacen haciendo una bolita de masa y la expandiemdola hasta formar un circulo que tenga un diametro de 08 cm aprox, y de grosor como de 5 mm.

Preparación de relleno de papa

2. Pelar y cocer las papas con sal, despues hacer puré y agregar el queso fresco desmoronado con sal al gusto y con el epazote previamente cortado finamente.

Preparación de salsa roja

3. Calentar agua en un recipiente con el tomate, el ajo y la cebolla y algo de sal, una vez ya blanda la cebolla, se muele con el chile serrano y al gusto se agrega sal.

Preparacion de quesadilla

4. En medio de la torilla agregar el relleno de papa con queso y unas hojas de flor de calabaza previamente labadas y se cierra en forma de quesadilla o empanada. se enharina con harina de trigo.
5. Precalentar un sartén con aceite para freir. y freir hasta que quede dorada
6. Una vez sacada, se agrega en medio lechuga, crema y salsa roja.

Griechenland

Griechische Kartoffelpfanne

Man nehme

- 150 g rote Paprikaschoten
- 6 Zweige Oregano
- 800 g Pellkartoffeln, gekocht (zum Beispiel vorwiegend festkochende Kartoffeln der Sorte »Désirée«)
- 80 g Butterschmalz
- 400 g Feta-Käse
- Salz
- Pfeffer aus der Mühle
- 1 kleines Glas Oliven, grüne, ohne Kern
- 1 kleines Glas Oliven, schwarze, ohne Kern
- 3 Knoblauchzehen

Paprika waschen, putzen und in Würfel schneiden. Oregano abspülen, trockentupfen und die Blättchen von den Stängeln zupfen. Den Knoblauch pellen und feinhacken. Die Kartoffeln pellen und in Scheiben schneiden. Die Hälfte des Butterschmalzes in einer Pfanne erhitzen, die Kartoffelscheiben unter Wenden darin goldbrauch braten. Zwischendurch umrühren. Feta in Würfel schneiden. Kartoffeln mit Salz und Pfeffer würzen, aus der Pfanne nehmen. Das restliche Butterschmalz in die Pfanne geben, Knoblauch und Gemüse unter Wenden etwa 5 Minuten darin dünsten, mit Salz und Pfeffer würzen. Kartoffeln, Feta, Oregano und Oliven in die Pfanne geben, vermengen, erhitzen, evtl. im Backofen unter dem Grill kurz überbacken.

Ελληνική συνταγή πατάτες στο τηγάνι

Υλικά

- 150 γρ. πιπεριά(ές), κόκκινες
- 6 κλαδιά ρίγανη
- 800 γρ. πατάτες, βρασμένες (για παράδειγμα συνήθως σκληρού είδους πατάτα »Désirée«)
- 80 γρ. βούτυρο
- 400 γρ. τυρί φέτα
- Αλάτι
- Πιπέρι, φρεσκαλεσμένο
- 1 μικρό βαζάκι ελιές, πράσινες, χωρίς κουκούτσι
- 1 μικρό βαζάκι ελιές, μαύρες, χωρίς κουκούτσι
- 3 σκελίδες σκόρδο

Πλένουμε την πιπεριά, την καθαρίζουμε και την κόβουμε σε κύβους. Πλένουμε τη ρίγανη, τη στεγνώνουμε με ένα πανί, τρίβουμε τα φυλαράκια από τα κλαδιά. Ξεφλουδίζουμε τα σκόρδα και τα ψιλοκόβουμε. Ξεφλουδίζουμε τις πατάτες και τις τεμαχίζουμε σε φέτες. Λιώνουμε το μισό βούτυρο στο τηγάνι, τηγανίζουμε τις πατάτες ροδοκόκκινες, τις γυρίζουμε ενδιάμεσα. Κόβουμε την φέτα σε κύβους. Ρίχνουμε στις πατάτες αλάτι και πιπέρι, και τις βγάζουμε από το τηγάνι. Βάζουμε το υπόλοιπο βούτυρο στο τηγάνι, σοτάρουμε περίπου 5 λεπτά σκόρδο και λαχανικά ανακατεύοντας, ρίχνουμε αλάτι και πιπέρι. Ρίχνουμε τις πατάτες, τη φέτα, τη ρίγανη και τις ελιές στο τηγάνι, τα ανακατεύουμε, τα ζεσταίνουμε η τα ψήνουμε για λίγη ώρα στο φούρνο κάτω από το γκριλ.

Georgien

vegan

Auberginen-Tschanachi

Man nehme

- 500 g vorwiegend festkochende, kleine Kartoffeln (zum Beispiel der Sorte »Mandelkartoffel«)
- 500 g Auberginen
- 500 g Tomaten
- 3 Knoblauchzehen
- 3 kleine Zwiebeln
- je ein Bund Koriander, Petersilie und Sellerieblätter
- Salz
- Pfeffer

Zubereitung

1. Auberginen waschen, längs vierteln und jedes Viertel halbieren. Stücke in eine Schüssel geben, mit Salz bestreuen und ½ Stunde stehen lassen. Danach die Stücke etwas ausdrücken, ohne sie zu zerstören.
2. Zwiebeln in Scheiben schneiden, mit durchgedrücktem Knoblauch, Koriander, Petersilie und Sellerieblättern bestreuen und vermischen. Etwas Butter in eine Pfanne geben, dann eine Schicht Kartoffeln, Auberginen und die gepfefferte Zwiebel-Kräuter-Mischung auflegen. Anschließend wieder eine Schicht Kartoffeln, Auberginen usw. Jede Schicht salzen.
3. Schließlich ganze Tomaten obenauf legen und etwas Butter zugeben.
4. Alles bei niedriger Hitze schmoren, bis die Kartoffeln gar sind.

საქართველო ბადრიჯნის ჩანახი

შემადგენლობა

- 500გრ. კარტოფილი
- 500გრ. ბადრიჯანი
- 500გრ. პომიდორი
- 3 კბილი ნიორი
- 3 ბატარა ხახვი
- ერთი კონა ქინძი, ოხრახუში და ნიახური
- მარილი
- პილპილი

გავრეცხოთ ბადრიჯანი, დავჭრად ოთხ გრძივ ნაჭრებად და თითოეული ნაჭერი გავყოთ. მოვათავსოთ ჯამში და მოვაყაროთ მარილი, დავტოვოთ ნახევარი საათით. შემდეგ ნაჭრები გავწუროთ, მათი დაზიანების გარეშე. ხახვი დავჭრათ მრგვალად, მოვაყაროთ დანაყული ნიორი, ქინძი, ოხრახუში და ნიახური და ავურიოთ. ტაფაზე დავდოთ ცოტა კარაქი, შემდეგ ერთ ფენად კარტოფილი, ბადრიჯანი და პილპილმოყრილი ხახვისა და მწვანილის ნაზავი, შემდეგ ისევ ერთი ფენა კარტოფილი, ბადრიჯანი და ა.შ. თითოეულ ფენას მოვაყაროთ მარილი. ბოლოს დავადოთ მთლიანი პომიდვრები და კარაქი. დავდგათ ნელ ცეცხლზე და ვამზადოთ კარტოფილის მოხარშვამდე.

Pizza, Quiche, Pfannkuchen, Kartoffelbrot/-kuchen

Frankreich

Kartoffelgratin

Man nehme

- 1,5 kg vorwiegend festkochende Kartoffeln (zum Beispiel der Sorte »Secura«)
- Butter
- 1 Knoblauchzehe
- 50 cl Sahne oder crème fraîche
- 50 cl Vollmilch oder fettarme Milch
- Salz, Pfeffer
- 1 Prise Muskatnuss

Zubereitung

1. Den Backofen auf 180° C vorheizen.
2. Kartoffeln schälen, waschen und in feine Scheiben schneiden. Anschließend nicht mehr waschen, die Kartoffelstärke ist notwenig für die Bindung des Gratins.
3. Die Milch mit der ausgepressten Knoblauchzehe, Salz, Pfeffer und Muskatnuss zum Kochen bringen. Die Kartoffelscheiben in die heiße Milch füllen, Hitze reduzieren und ungefähr 10 Minuten kochen lassen, dabei regelmäßig umrühren. Die Kartoffeln dürfen nicht am Boden festsetzen.
4. Dann alles (Kartoffeln und Milch) in eine Gratinform füllen, die Sahne hinzufügen.
5. Kleine Butterflöckchen auf der Oberfläche verteilen, den Backofen auf 160° C herunterschalten und 1 bis 1,5 Stunden im Ofen garen. Das Gratin gelingt besser, wenn es langsam und nicht zu heiß gebacken wird.

   Hin und wieder die Kartoffeln einstechen, um die Garzeit zu prüfen. Sie müssen auf der Zunge zergehen.

Falls Reste übrig bleiben, am Folgetag wieder einige Butterflöckchen (Achtung: nicht zu viel) auf dem Gratin verteilen und noch einmal eine Stunde bei mittlerer Hitze in den Backofen schieben. Am nächsten Tag sind die Gratins immer besser ...

Wer möchte, kann ausschließlich Sahne, nicht aber nur crème fraîche verwenden. Das Gratin wird umso schmackhafter, aber natürlich auch reichhaltiger.

Gratin dauphinois (le vrai)

Ingrédients

- 1,5 kg de pommes de terre
- beurre
- 1 gousse d'ail
- 50 cl de crème
- 50 cl de lait (demi écrémé ou entier)
- Sel, poivre
- Muscade (une pincée)

Préparation

1. Préchauffez votre four à 180° C.
2. Épluchez les pommes de terre, lavez-les et coupez-les en fines rondelles. Ne les passez pas sous l'eau après les avoir coupées, l'amidon participe à la liaison du gratin.
3. Mettez le lait à bouillir avec l'ail pressé, le sel, le poivre et la muscade.
4. Puis jetez-y les pommes de terre émincées, baissez le feu et laissez cuire une dizaine de minutes en remuant régulièrement pour éviter que les pommes de terre accrochent au fond.
5. Versez le tout (pomme de terre + lait) dans un plat à gratin et ajoutez la crème. Répartissez du beurre en petits morceaux sur le dessus, baissez votre four à 160° et enfournez pendant 1h voir 1h30. Votre gratin sera meilleur s'il cuit tout doucement, pendant longtemps, piquez les pommes de terre pour vérifier leur cuisson, elles doivent être fondantes.
6. Le lendemain, s'il vous reste du gratin, disposez de nouveau quelques petits morceaux de beurre (attention de ne pas en mettre trop) sur le dessus et enfournez pour une petite heure à four moyen. (les gratins du lendemain sont toujours meilleurs!)
7. Vous pouvez si vous le souhaitez n'utiliser que de la crème, le gratin n'en sera que meilleur (plus riche aussi, mais tellement bon …)

V vegetarisch

Turkmenistan

Kartoffel-Pizza Asgabad

Man nehme

Zutaten für den Teig

- 400 g Pellkartoffeln (vorwiegend festkochende Kartoffel zum Beispiel der Sorte »Atica«)
- 1/4 TL Kümmel
- 1 EL getrockneten Oregano
- 1/2 TL Salz
- 1 paar gemörserte Pfefferkörner
- 1 Eigelb
- 20 g Kartoffelmehl

Für den Belag

- 1/4 Tube Tomatenmark
- 400 g Tomaten
- 1/2 Glas Oliven (140 g), grüne, mit Paprika gefüllt
- 80 g Feta-Käse oder Ziegenfeta
- 1 Ei
- 1 Eiweiß
- 90 g Ziegenkäse (Rolle)
- Milch
- 1/2 TL Salz
- 1 EL gehäuftes Kartoffelmehl
- 200 g Käse (z. B. mittelalter Gouda)

Zubereitung

Teig

1. Die mit Kümmelsamen gekochten Pellkartoffeln mit kaltem Wasser abschrecken, pellen und gleich durch die Presse drücken. Mit Gewürzen, Eigelb und Kartoffelmehl vermischen, damit es ein geschmeidiger Teig wird. Kartoffelmehl hinzufügen. Den Teig auf ein mit Backpapier ausgelegtes Backblech geben, glattstreichen.
2. Backblech in den auf 200° C vorgeheizten Backofen schieben und ca. 20–25 Minuten backen.

Belag

1. Auf den vorgebackenen Kartoffelteig mit einem Teigschaber Tomatenmark streichen. Mit den in Scheiben geschnittenen Tomaten belegen. Die Oliven drauf verteilen und mit grobgeraspeltem Gouda bedecken.
2. Eier und Eiweiß in ein Litermaß geben, grob zerkleinerten Feta und Ziegenkäse sowie Gewürzsalz pürieren und mit Milch auf ca. 1 Liter auffüllen sowie das Kartoffelmehl einrühren, darübergießen und mit Paprikagranulat bestreuen.
3. In den noch heißen Backofen geben. Bei 160° C Umluft ca. 40–50 Minuten backen.

Картофельная пицца Асгабад (или, возможно Ашхабад)

нгредиенты для теста

- 400 гр картофеля в мундире
- ¼ чайной ложки тмина
- 1 столовая ложка сухого орегано
- ½ чайной ложки соли
- 1 горошина перца, растертого
- 1 желток
- 20 гр картофельной муки

Для начинки

- ¼ банка томатной пасты
- 400 гр томатов
- ½ банки зеленых оливок, фаршированных паприкой (140 гр)
- 80 гр сыра фета, феты из козьего молока
- 1 яйцо
- 1 белок
- 90 гр козьего сыра
- молоко
- ½ чайной ложки соли
- 1 столовая ложка картофельной муки с горкой
- 200 гр сыра (например, Гауда)

Тесто

1. Картофель в мундире, сваренный с семенами тмина, обдать холодной водой, почистить и тщательно размять. Смешать с пряностями, желтком и картофельной мукой таким образом, чтобы получилась однородная масса. Массу выложить на бумагу для запекания и затем поместить на противень, разровнять.
2. Противень поставить в предварительно разогретую до 200 градусов духовку и оставить на 20–25 минут.

Начинка

1. На предварительно испеченный картофельный корж намазать скребком для теста томатную пасту. Сверху выложить порезанные томаты. Посыпать оливками и натертым на крупной терке сыром Гауда.
2. Яйца и яичный белок положить в литровую емкость, крупно измельченный сыр фета и козий сыр, соль со специями пюрировать и добавить молока столько, чтобы получился общий объем в 1 литр. Добавить картофельную муку, размешать, посыпать паприкой.
3. Выложить эту массу на корж.
4. Поставить в еще горячую духовку. Выпекать при 160 градусах, включив режим циркуляции воздуха, примерно 40–50 минут.

vegetarisch

Frankreich

Kartoffelpfannkuchen

Man nehme

- 250 g Mehl
- 1 Ei
- 12 mehlig kochende Kartoffeln (zum Beispiel der Sorte »Agria«)
- 1 Eigelb
- Butter
- Öl

Zubereitung

Kartoffeln in der Schale kochen, pellen. Durch eine Kartoffelpresse drücken. Das Ei und nach und nach das Mehl einarbeiten. Eine Kugel formen, Fladen in der Größe von Desserttellern formen. Einzeln in einer Pfanne in einer Mischung aus Öl und Butter goldgelb braten. Die Kartoffelpfannkuchen mit Eigelb einpinseln. Im Backofen weiter bräunen. Anschließend alle heiß mit Butter auftragen.

Galette de pommes de terre

Ingrédients

- 250 g de farine
- 1 œf
- 12 pommes de terre
- 1 jaune œf
- beurre
- huile

Préparation

Cuire les pommes de terre avec leur peau. Eplucher. Passer au moulin. Ajouter l'œf et peu à peu la farine tout en travaillant. Faire une boule. La diviser en galettes (taille d'une assiette à dessert). Faire dorer chaque galette à la poêle dans un mélange de beurre et d'huile. Badigeonner la galette au pinceau avec le jaune d'œf. Dorer au four. Procéder de même pour les autres galettes. Servir chaud avec du beurre.

Quelle: Simone Morand, gastronomie bretonne d'hier et aujourd'hui, o.O. 1965

Norwegen

Potetlomper/Lomper

Norwegen ist ein »Kartoffel-Land« und Kartoffeln sind fast immer noch die Hauptbeilage (obwohl sich das in den letzten zwei Jahrzehnten ein wenig verändert hat). Wir haben zwar keine spannenden Rezepte, aber »lomper«/»potetkaker« kennt jede/r Norweger/in.

Man isst es zum Beispiel anstelle eines Brötchens als »Hotdog« mit Wurst oder – meine Präferenz – mit Butter und »Brunost« (ein sehr besonderer norwegischer Käse). Inzwischen könnten »lomper« vielleicht als »Tortillas« des Nordens gelten – und ehrlich gesagt: Kaum jemand macht es in Norwegen mittlerweile noch selbst, denn Potetkaker/Lomper gibt es in jedem Supermarkt zu kaufen!

Man nehme

- 600 g gekochte vorwiegend festkochende Kartoffeln (zum Beispiel der Sorte »Mandelkartoffel« oder Désirée)
- 1/2 TL Salz
- 20 cl Weizenmehl
- etwas Sonnenblumenöl

Zubereitung

1. Gekochte Kartoffeln noch warm zu einem Brei verarbeiten, Salz, Mehl und ein bisschen Sonnenblumenöl zufügen. Teig dünn ausrollen und runde Lomper von ca. 18 cm Durchmesser ausschneiden.
2. Lomper ohne Fett in einer großen Pfanne bei hoher Temperatur unter häufigem Wenden garen. Die Lomper sind gar, wenn sie braun gefleckt sind. Lomper am besten am selben Tag verzehren oder im Kühlschrank einige Tage aufbewahren.

Ingredienser

- 600 g kokte poteter
- 1/2 ts salt
- 20 cl hvetemel
- litt solsikkeolje

Tilberedning

1. Lag de varme kokte potetene til en groet, tilsett salt, mel og litt solsikkeolje. Rull ut deigen tynn, og skjaer ut runde lomper/potetkaker i ca. 15 cm diameter. Steik lompene uten fett i en stor steikepanne ved höy temperatur, og snu de flere ganger. Lompene er ferdig naar de faar brune flekker. Du boer helst bruke lompene samme dag eller oppbevare de innpakket i kjoeleskapet.

Türkei

vegetarisch

Kartoffelbörek mit Käse (Velibah)

Man nehme

8–10 Portionen / 5–6 Fladen Teig

- 1 EL Trockenhefe
- 1 Stück Würfelzucker
- 65 ml lauwarmes Wasser
- 500 g Mehl
- 1 gestrichenen EL Salz
- 100 ml lauwarme Milch

Füllung

- 1 kg mehlig kochende Kartoffeln (zum Beispiel der Sorte »Agria«, »Aula« oder »Bintje«), alternativ mehligen Kürbis
- 1 Zwiebel
- 200 g Weißkäse aus Kuhmilch oder Feta
- 100 ml Milch
- Mehl
- Butter zum Anbraten und Bestreichen

Zubereitung

1. Kartoffeln kochen, pellen und noch heiß stampfen; es dürfen keine Kartoffelstückchen im Brei bleiben.
2. Für den Teig Hefe mit einem Würfelzucker in lauwarmem Wasser anrühren und etwas stehen lassen. Dann in eine Schüssel geben und das Mehl hineinsieben. Salz und die erwärmte Milch dazugeben. Sehr gründlich vermengen, zudecken und mindestens 1 Stunde gehen lassen.
3. Die Zwiebel in den Kartoffelbrei reiben, den Käse zerbröseln und mit den Händen in den Kartoffelbrei kneten. Die Milch dazugeben und verrühren.
4. Mit beiden Händen ein Stück Teig (etwa 1/5 bis 1/6) aus der Schüssel nehmen, auf eine bemehlte Fläche legen und mit Mehl bestreuen. Mit bemehlten Händen eine Kugel formen und etwas flachklopfen. In die Mitte des etwa 3 cm dicken runden Teigstücks gleichviel (wieder 1/5 bis 1/6) Kartoffelfüllung geben. Mit den Händen vom Rand her den Teig vorsichtig hochziehen, bis er die Kartoffelfüllung umschließt. Die Teigkugel schließen, indem der Teig zusammengedrückt wird.
5. Dann die Kugel wenden. Jetzt wird der Teig mit mehligen Händen leicht und vorsichtig flachgeschlagen, bis der Fladen etwa die Größe einer großen Bratpfanne hat und etwa 1 cm dick ist. Den Fladen vorsichtig in die Bratpfanne legen und in Butter anbraten. In einer Teflonpfanne kann auf die Butter verzichtet werden. Kurz heiß anbraten und dann auf kleinerem Feuer beide Seiten goldbraun braten. Der Teig bläht sich beim Braten auf.
6. Den Börek auf eine große Platte legen und von beiden Seiten mit Butter bestreichen. Die weiteren Böreks darauf schichten. Sie werden wie eine Torte in Stücke geschnitten.
7. Traditionell werden die Börekstücke noch mit geschmolzener Butter begossen. Heutzutage verzichtet man auf diese zusätzliche Butter und isst stattdessen einen Salat dazu.

Quelle: Kopp, Das Istanbul Kochbuch, Berlin 2010

Peynirli patates böreği

8–10 kişilik/5–6 yufka

Hamur

- 1 yemek kaşığı kuru maya
- 1 adet kesme şeker
- 65 ml ılık su
- 500 gr un
- 1 yemek kaşığı tuz
- 100 ml ılık süt

Harç için

- 1 kilo patates (mesela »Agria«, »Aula« veya »Bintje« cinsinden, alternatif olarak kabak)
- 1 adet soğan
- 200 gr beyaz peynir
- 100 ml süt
- un
- tereyağı

Patatesleri suda haşlayıp, sıcak sıcak kabuklarını soyun, püre yapın. Hamur için mayayı kesme şekerlen birlikte ılık suyun içinde karıştırıp biraz bekletin. Daha sonra bir kapa koyup unu ilave edin. Tuzu ve ısıtılmiş sütü ekleyin. İyice karıştırın, üstünü kapatıp en az bir saat dinlendirin. Soğanı pürenin içine rendeleyin, peyniri ufalayıp elinizle pürenin içine yoğurun. Sütü ilave edin ve karıştırın. Elinizle bir parça hamur (beşte bir veya altıda bir) kaptan alıp unlu alana koyun ve üstüne un serpin. Unlu elinizle hamur parçasını yuvarlak bir şekile getirin ve inceltip yufka yapın. Yufkanın ortasına (gene beşte bir veya altıda bir) patates harcını koyun ve kenardan sarkıttığımız yufkaları patates harcının üzerine doğru kapatın. Yufkayı çevirin ve unlu elinizle hafifce bir tava büyüklüğüne ve bir santim kalınlığına inceltin. Yufkayı tavanın içinde tereyağı ile kızartın. Teflon tavada tereyağsız da kızartabilirsiniz. Yüksek ateşte kısa pişince ardından kısık ateşte iki tarafını da pişiriyorsunuz. Pişerken yufka kabarıyor. Böreği büyük bir tepsiye koyun ve iki tarafına da tereyağını fırçayla üzerine sürün. Diğer börekleri üst üste koyun. Yaş pasta şeklinde parça parça kesilebilir. Geleneksel olarak böreklerin üzerine eritilmiş tereyaği dökülür. Artı tereyaği yerine zamanımızda ek olarak salata yenir.

Kaynak: Gabi Kopp, Das Istanbul Kochbuch, Berlin 2010

Österreich

Kartoffelstrudel

Man nehme

- 4 Eier
- 4 gestrichene TL Salz
- 12 Gläser Mehl
- Wasser

Für die Füllung

- 12 mittelgroße, festkochende Kartoffeln (zum Beispiel der Sorte »Belana«)
- 12 Zwiebeln
- Salz und Pfeffer
- Margarine zum Bestreichen
- 12 EL Öl
- 80 g Margarine
- 2 Gläser Wasser
- evtl. Hackfleisch

Zubereitung

1. Das Ei in ein mittelgroßes Glas schlagen und mit Wasser auffüllen. Mehl, Wasser-Ei-Gemisch und Salz zu einem Teig verarbeiten und ruhen lassen.
2. Kartoffeln und Zwiebeln in sehr feine Würfel schneiden und kräftig mit Salz und Pfeffer würzen. Teig in vier gleichgroße Kugeln teilen, ausrollen, mit weicher Margarine bestreichen und weitere 15 Minuten ruhen lassen.
3. Von den äußeren Kanten ausgehend den Teig sehr dünn zu einem Format von ca. 50 x 50 cm ausziehen. Die Füllung gleichmäßig auf alle vier Teigstücke verteilen und den Teig zu einem Strudel aufrollen. Die Enden des Teiges verkleben.
4. 3 EL Öl, 20 g Margarine und ½ Glas Wasser in einer antihaftbeschichteten Pfanne erhitzen. Wenn das Wasser kocht, zwei von den Strudeln schneckenförmig in die Pfanne legen, Hitze reduzieren und Deckel auflegen. 20 Minuten bei mittlerer Hitze dünsten. Deckel während der Zeit nicht hochnehmen! Danach weitere 10 Minuten ohne Deckel von beiden Seiten knusprig braten.
5. Des Weiteren ist die Variante mit Hackfleisch sehr zu empfehlen. Dazu einfach in die Füllung 200–300 g Hackfleisch mischen. Dazu passt sehr gut ein Salat und evtl. ein Dip aus Quark und frischen Kräutern oder einfach Zaziki.

Erdepfelstrudl

Zuatodn

- 4 Eia
- 4 gstrichane Teeleffel Soiz
- 12 Glasln Mööj
- Wossa

Fir de Fülle

- 12 mittlgroße Erdepfin, feestkochende (zum Beispiel der Sorte »Belana«)
- 12 Zwieföns
- Soiz und Pfeffa
- Magarine zum Dribastreichn
- 12 Essleffeln Ööj
- 8 Deka Magarine
- 2 Glos Wossa
- evtl. Faschiertes

Zubereitung

1. Das Ei in a mittlgroßes Glas schlogen und mit Wossa auffülln. Mööj, Wossa-Ei-Mischung und Soiz zu an Tag vaorbeitn und a weij ruhn lossn.
2. Erdepfi und Zwieföri in sehr feine Wirfl schneidn und guad mit Soiz und Pfeffa wiazn. Den Tag in 4 glei große Kugerln teuln, ausrolln, mit weicha Magarine bestreichn und no amol 15 Minuten ruan lossn.
3. Vo de Seitn hea den Tag sehr floch zu an Format vo ca. 50 x 50 cm ausziagn. De Fülle schee gleich auf olle via Tagstückerln vart-euln und den Tag zu an Strudl aufrojn. De Enden von den Tag vaklebn.
4. 3 EL Ööj und 2 Deka Magarine und ½ Glos Wossa haas mochn in an Kasserol, wos a Schicht gegans Onpicken hot. Won des Wossa kocht, zwa von de Strudln schneck-nföamig in des Kasserol legn, de Hitz reduzi-ern und an Deckel drauf mochn. 20 Minuten bei mittlarar Hitz dinsten. Deckl während da Zeit net hochnehma! Donn noch amoj 10 Minuten ohne Deckl von beidn Seitn knusprig brodn.
5. Es gibt oba no a klasse Variante mit Faschi-erdm. Dafir oafach en de Fülle 20–30 Deka Faschierdes mischn. Dazu posst sehr guad a Salod und vilaicht a Dip aus Topfen und frischn Kreudern oder oafach Zaziki.

Vegetarisch

Italien

Würzige Kartoffel-Pizzen

Man nehme

- 1,2 kg mehlig kochende Kartoffeln (zum Beispiel der Sorte »Aula«)
- 200 g Weizenmehl
- 100 g frisch geriebenen Parmesan
- Salz
- weißen Pfeffer aus der Mühle
- 6 EL Olivenöl

Belag

- 3 vollreife Fleischtomaten
- gerebelten Oregano
- Olivenöl
- je nach Geschmack Salamiwürfel, Oliven, Sardellen, Kapern
- Fett für das Backblech

Zubereitung

1. Die Kartoffeln waschen und garkochen. Gut abdampfen lassen, pellen und sofort durch eine Kartoffelpresse drücken. Abkühlen lassen. Den Backofen auf 220° C vorheizen.
2. Mehl und Parmesan mit den Kartoffeln mischen, mit Salz und Pfeffer würzen und das Öl hinzugießen. Rasch zu einem glatten Teil verkneten und dann auf einer bemehlten Arbeitsfläche eine Rolle von 6 cm Durchmesser formen.
3. Die Tomaten kurz blanchieren, häuten und ohne Stängelansätze und Kerne in kleine Würfel schneiden.
4. Etwa 1,5 cm dicke Scheiben von der Kartoffelrolle abschneiden. In der Mitte etwas eindrücken, so dass ein kleiner Rand wie bei einer Pizza entsteht. Die Pizzen nebeneinander auf ein gefettetes Backblech legen und mit Tomatenwürfeln und Oregano bestreuen. Mit etwas Öl beträufeln. Je nach Geschmack kann man die Pizzen mit in kleine Würfel geschnittener Salami oder in Scheiben geschnittenen Oliven, gehackten Sardellen oder kleinen Kapern und natürlich auch geriebenem Käse belegen.
5. Die Pizzen nacheinander auf der unteren Schiene des Backofens in etwa 25–30 Minuten goldbraun backen.
6. Die Pizzen schmecken etwas abgekühlt am besten. Ideal für Gäste, da man alles gut vorbereiten kann.

Dazu passt ein leichter italienischer Rotwein.

Pizze di patate saporite

Ingredienti

- 1,2 kg patate con polpa farinosa
- 200 g farina di frumento
- 100 g parmigiano grattugiato
- sale
- pepe bianco da pepaiolu
- 6 EL olio d'oliva

Guarnizione

- 3 pomodori da insalata maturi
- origano macinato
- olio d'oliva
- secondo i gusti dadi di salame, olive, acciughe, capperi
- olio per la teglia da forno

Preparazione

1. Lavare e bollire le patate. Una volta cotte, scolare bene, sbucciarle e schiacciare immediatamente con lo schiacciapatate. Far raffreddare. Scaldare il forno a 220 gradi.
2. Mischiare la farina e il parmigiano con le patate, insaporire con sale e pepe e aggiungere l'olio. Impastare velocemente per creare un impasto omogeneo che bisogna stendere su una superficie ben infarinata, creando un rotolo di 6 cm di diametro.
3. Sbollentare i pomodori, sbucciarli e tagliare a dadini senza torsoli e semi
4. Tagliare fette di ca, 1,5 cm dal rullo di patate. Schiacciare al centro, creando un bordo piccolo come per una pizza. Mettere le pizze sulla teglia oliata e cospargere con dadini di pomodori e origano. Mettere un goccio d'olio. Secondo i gusti, le pizze possono essere guarnite con dadini di salame, olive tagliate a fettine, aciughe tritate, capperi o formaggio.
5. Cuocere le pizze sul binario più basso del forno per ca. 25–30 minuti
6. Queste pizze sono più buone quando sono già un po' raffreddate. Piatto ideale per gli ospiti, perché si può preparare in anticipo. Accompagnare con un leggero vino rosso italiano.

vegetarisch

Tschechien

Saures aus dem Riesengebirge

Man nehme

- 5 festkochende Kartoffeln (zum Beispiel der Sorte »Belana«)
- 2 Zwiebeln
- 1 Packung Sauerteig
- eine Handvoll getrocknete Pilze
- 150 g Butter
- 4 Eier
- eine Prise Kümmel
- eine Prise Salz
- 4 l kaltes Wasser

Zubereitung

1. Den Sauerteig in 4 l kaltes Wasser legen. Durchrühren und mindestens 1 Stunde ruhen lassen. Besser ist es aber, wenn die Flüssigkeit über Nacht stehen bleibt.
2. Trockene Pilze 10 Minuten lang in Wasser einweichen.
3. Kartoffeln waschen und mit Schale kochen. Gekochte Kartoffeln schälen und in größere Würfel schneiden.
4. Den Sauerteig im Wasser gut verquirlen, Salz, Kümmel und Pilze dazugeben. Danach noch eine gute Stunde kochen, bis der Sauerteig glasig und dick wird. Beim Kochen ab und zu umrühren.
5. Zwiebeln schälen, in kleine Würfel schneiden und in Butter goldbraun braten.
6. Rohe Eier mit den fertigen Zwiebeln in die Pfanne geben und leicht verrühren. Nicht braten, die Eier sollen halbwegs roh bleiben. In das glasige, dickflüssige Wasser mit Sauerteig die Zwiebeln mit den Eiern unterrühren und alles kurz aufkochen. Die Eier stocken lassen. Zum Schluss Kartoffelwürfel dazugeben und servieren.

Krkonošské kyselo

Přísady

- 5 ks brambor
- 2 ks cibule
- 1 balíček chlebového kvásku,
- 1 hrst sušených hub
- 150 g másla
- 4 vejce
- špetku kmínu
- špetku soli
- 4 l studene vody

Chlebový kvásek namočíme do 4 litrů studené vody. Promícháme a necháme alespoň 1 hodinu stát. Nejlépe ale, když ho namočíme už přes noc. Sušené houby namočíme na 10 minut do hrnku s vodou, aby houby změkly. Brambory (přílohove) omyjeme a uvaříme ve slupce. Uvařené měkké brambory oloupeme a nakrájíme na větší kostičky.
Předem namočený kvásek ve vodě rozkvedláme, přidáme sůl, kmín, houby a vaříme skoro hodinu, než kvásek zesklovatí a postupně zhoustne. Během vaření mícháme. Cibuli oloupeme a nakrájíme nadrobno. Usmažíme ji na másle dozlatova.
K cibuli přidáme syrová vejce a zlehka promícháme. Vejce nesmažíme, mají zůstat částečně syrová. Když už voda s kváskem není kalná, je hustá a má sklovitou barvu, vmícháme do ní cibuli s vejci a krátce povaříme. Vajíčka se srazí. Do krkonošského kysela stačí už jen přidat uvařené, na kostičky nakrájené brambory a kyselo můžeme podávat.

Iran

Kartoffelfrikadellen

Man nehme

- 4 große festkochende Kartoffeln (ca. 350 g, zum Beispiel der Sorte »Cilena«)
- 250 g Hammelhackfleisch
- 2 Eier
- 1 geriebene große Zwiebel
- 1 TL Mehl, 1 TL Zimt, 1 TL Curcuma, ½ TL Garam Masala (Gewürzmischung)
- 1 EL kleingehackte Petersilie
- 1 TL kleingehackten Schnittlauch
- Salz und Pfeffer (Menge nach Geschmack)
- Butterschmalz

Zubereitung

1. Kartoffeln kochen, schälen und pürieren. Hammelhack mit Eiern, Mehl, Zwiebel und Kartoffelpüree gut vermengen,
2. Petersilie, Curcuma, Schnittlauch, Masala, Salz und Pfeffer dazugeben und zu einem Teig verkneten.
3. Handtellergroße, flache Frikadellen formen und in heißem Butterschmalz von beiden Seiten braten.
4. Mit Barbari (persisches Fladenbrot) servieren.

کو کوی سیب زمینی ایرانی

مواد لازم

(عدد سیب زمینی (تقریبا 350 گرم 4

. گرم گوشت کوبیده گوسفند 250

. دو تا تخم مرغ

. یک دانه پیاز رنده شده

آرد - دارچین - زردچوبه (از هر کدام یک قاشق چای خوری) و نصف قاشق

.(چای خوری ادویه مخلوط (مارسلا

. یک قاشق سوپ خوری جعفری خورد کرده

. یک قاشق سوپ خوری تره خورد کرده

. مقدار لازم نمک و فلفل

روغن کره

طرز تهیه

. سیب زمینی را پخته ، پوست گرفته و پوره کنید

گوشت – تخم مرغ – آرد - پیاز رنده شده و سیب زمینی پوره شده را با هم مخلوط کنید

.جعفری – زردچوبه – دارچین – ادویه – فلفل و نمک رویش ریخته و مخلوط کنید

از این مخلوط مقداری باندازه کف دست مثل کتلت صاف کرده

آنرا در روغن داغ هر دو طرف آنرا سرخ کرده

. با نان بربری (نان لواش) بخورید

نوش جان

Püree, Kartoffelstampf, gefüllte Kartoffeln, Klöße

Finnland

Geschnetzeltes Rentier mit Puikula-Kartoffelbrei

Die Puikulakartoffel stammt aus Finnisch-Lappland. Diese vorwiegend festkochende, mandelähnliche kleine Kartoffel – daher ihr Name »Mandelkartoffel« – hat einen sehr feinen und leicht nussigen Geschmack. Deshalb wird sie insbesondere in Skandinavien in der Spitzengastronomie gerne verwandt. Mandelkartoffeln sind in Deutschland vor allem bei Händlern zu erwerben, die sich um den Erhalt der Kartoffelvielfalt kümmern.

Man nehme

- 600 g Rentierfleisch
- 200 g geräuchertes Rentierfleisch
- 1 Zwiebel, in kleine Würfel geschnitten
- Salz
- schwarzen Pfeffer
- 1 Dose Bier
- etwas Butter
- 4 Essiggurken (nach eigenem Ermessen)
- Preiselbeerkompott
- 600–800 g geschälte Mandelkartoffeln
- 1 Prise Salz
- 200 ml Milch
- etwas Butter

Zubereitung

1. Fleisch in sehr dünne Scheiben schneiden. Ein wenig Butter in einer Pfanne zerlassen und das Fleisch portionsweise darin anrösten.
2. In einen Topf etwas Bier geben, die angebratenen Fleischstücke dazugeben und im Bier schwenken. Über jede Portion Fleisch ein wenig Bier gießen. Immer nur wenig Fleisch auf einmal in der Pfanne braten, damit die Pfanne schön heiß bleibt und das Fleisch kein Wasser zieht und gut rösten kann.
3. Zur letzten Portion Fleisch gibt man die kleingeschnittene Zwiebel und das kleingeschnittene geräucherte Rentierfleisch dazu. Alles zusammen in einem Topf ca. ½–¾ Stunde schwach köcheln lassen und mit Salz und frisch gemahlenem Pfeffer abschmecken. Ist die Biersoße zu flüssig, ein wenig mit in kaltem Wasser verrührter Speisestärke binden.
4. Kartoffeln in Salzwasser (10 g auf 1 Liter) garkochen, anschließend das Wasser abgießen und dabei auffangen. Kartoffeln mit der erhitzten Milch, etwas Kochwasser und ein wenig Butter zu Brei stampfen.
5. Zusammen mit Rentiergeschnetzeltem, Preiselbeerkompott und – wenn gewollt – Essiggurke servieren.

Poronkäristys ja puikulaperunasose

Suomen Lapissa viljellään puikulaperunoita. Näitä kiinteämaltoisia perunoita pitää keittää usein hieman kauemmin. Ne ovat mantelin muotoisia ja siksi niitä nimitetään manteliperunoiksi. Puikulaperunat ovat erittäin maukkaita ja maistuvat hieman pähkinälle. Siksi niitä tarjoillaan usein Skandinaavian huippuravintoloissa. Saksassa voidaan ostaa näitä perunoita perunakauppiailta, jotka ovat kiinnostuneita mahdollisimman monien perunalajikkeiden säilymisestä.

Tarvikkeet

- 600 g poronlihaa
- 200 g savustettua poronlihaa
- 1 pieneksi silputtu sipuli
- suolaa
- mustapippuria
- 1 tölkki olutta
- hieman voita
- 4 suolakurkkua (tarpeen mukaan)
- puolukkahilloa
- 600-800 g kuorittuja puikulaperunoita
- 1 ripaus suolaa
- 200 ml maitoa
- hieman voita

Valmistus

1. Liha leikataan erittäin ohuiksi viipaleiksi. Pannussa sulatetaan hieman voita, ja liha paistetaan pieninä erinä kuumassa pannussa.
2. Osa olutta kaadetaan kattilaan, johon paistetut lihapalaset lisätään kypsymään. Hieman olutta kaadetaan joka lihaerän päälle. Kerralla pannusssa paistetaan aina vain pieni erä lihaa, jotta pannu pysyy kuumana ja liha paistuu hyvin.
3. Viimeiseen lihaerään lisätään pieneksi leikattu sipuli ja viipaleiksi leikattu, savustettu poronliha. Kaikkea kiuhutetaan nyt pienellä liekillä kattilassa n. $\frac{1}{2}$–$\frac{3}{4}$ tuntia ja sitten maustetaan suolalla ja pippurilla. Tarpeen vaatiessa olutkastikkeeseen voidaan lisätä veteen sekoitettuja perunajauhoja.
4. Puikulaperunat keitetään suolatussa vedessä (10 g -1 litra) kypsiksi ja kaadetaan vesi, josta osa tarvitaan sosetta varten. Kypsät perunat, kuumennuttu maito, hieman keitinvettä ja voita survotaan soseeksi.
5. Tarjotaan poronkäristyksen, puolukkahillon – ja jos halutaan – suolakurkkujen kera.

V vegan

Thailand

Thailändische Kartoffelsäckchen

Man nehme

- 200 g mehlig kochende, gekochte Kartoffeln (zum Beispiel der Sorte »Ackersegen«)
- 1 EL Kokosflocken
- abgeriebene Schale von 1/4 unbehandelter Zitrone oder Limone
- 1 TL Zitronen- oder Limonensaft
- 1/2 TL Cumin
- 1/2 TL Koriander
- 1/2 TL feingehackten Ingwer
- 1 EL frischen Koriander oder Petersilie, feingehackt
- 2 Frühlingszwiebeln, feine Ringe
- 3 EL tiefgekühlte Erbsen
- Salz
- 16 Wan-Tan-Teighüllen
- Öl

Soße
- 3 EL Sojasoße
- 3 EL Sherry (Medium)
- 1 feingehackte Chilischote

Zubereitung

1. Die Kartoffeln stampfen. Mit Koskosflocken, Zitronenschale und -saft, Cumin, Koriander, Ingwer, Frühlingszwiebeln und Erbsen vermischen. Die Masse mit Salz abschmecken. Alle Zutaten für die Soße vermischen.
2. In der Mitte jedes Wan-Tan-Blattes 1 EL der Füllung geben. Die Nudelblätter über die Füllung wie ein kleines Bündel zusammendrücken. Die Säckchen halten besser zusammen, wenn die Druckstelle leicht mit kaltem Wasser angefeuchtet wird.
3. Reichlich Öl in einem Wok erhitzen. Die Kartoffelsäckchen goldbraun frittieren, jedoch jeweils nur 2–3 Säckchen ins heiße Öl geben, denn sonst schäumt es über.
4. Die Kartoffelsäckchen auf Küchenkrepp abtropfen lassen. Fertige Säckchen im Backofen warm halten, bis die gesamte Menge frittiert ist. Dazu pikante Soße reichen.

ห่อมันฝรั่ง

ส่วนผสม

200g มันฝรั่งหัวอ่อน

1 ช้อนโต๊ะ เกล็ดมะพร้าวม

ปลอกเปลือกมะนาวแล้ว หั่นมะนาวเป็น 4 ส่วน

1 ช้อนชา น้ำมะนาว

½ ช้อนชา ยี่หร่า

½ ช้อนชา ผักชี

½ ช้อนชา ขิงหั่น

1 ช้อนโต๊ะ ผักชี หรือ ผักชีฝรั่งนำมาหั่น

2 ต้นหอม

3 ช้อนโต๊ะ ถั่วแช่ลั่นเตาแข็ง

เกลือ

16 แผ่นปอเปี๊ย หรือแผ่นเกี๊ยว

น้ำมันพืช

ซอส

3 ช้อนโต๊ะ ซอสถั่วเหลือง

3 ช้อนโต๊ะ เหล้าฝรั่ง เชอร์รี่

1 พริก

การเตรียมความพร้อม

1. บดมันฝรั่ง. เกล็ดมะพร้าว น้ำมะนาว ยี่หร่า ผักชี ขิงหั่น ผักชีหรือผักชีฝรั่ง ต้นหอม ถั่วแช่ลั่นเตา นำมาคลุกเคล้ารวมกัน. ตามด้วยเกลือและชิมดูรสชาติ หลังจากนั้นนำซอสถั่วเหลือง และเหล้าฝรั่งเชอร์รี่ พริกมาผสมร่วมกัน

2. นำแผ่นปอเปี๊ยหรือแผ่นเกี๊ยวมาวางลงหนึ่งแผ่น และตักส่วนผสมที่เตรียมไว้หนึ่งช้อนโต๊ะลงแผ่นปอเปี๊ยที่เราเตรียมไว้หลังจากนั้นเริ่มการห่อโดยการจับมุมทั้งสี่มุมจีบเข้าหากัน เพื่อให้มุมทั้งสี่มุมติดกันเราสามารถใช้น้ำมาทาเพื่อให้มุมทั้งสี่ ติดกันง่ายขึ้น

3. เตรียมหม้อใส่น้ำมันพืชลงไป พอน้ำมันร้อนได้ที่ นำปอเปี๊ยหรือเกี๊ยวที่เราห่อลงทอด ทอดที่ละ 2 หรือ 3 ชิ้น

4.สังเกตเวลาทอดถ้าสีเริ่มเหลืองสวย ตักขึ้นพักน้ำมันโดยใช้กระดาษทิชชูหรือกระดาษซับมันรอง และทำการทอดในส่วนที่เหลือ ในบางส่วนที่เรายังไม่ทอดสามารถนำเข้าเตาอบและทำการอบไปเรื่อยๆระหว่างรอทอด แต่ในการอบอาหารไม่ควรใช้ไฟแรงเกินไป และหลังจากนั้นเตรียมน้ำซอสที่เราเตรียมไว้ใส่ภาชนะและพร้อมเสริ์ฟคู่กับปอเปี๊ยทอดหรือเกี๊ยวทอดได้

vegan

Italien

Kartoffelpüree »Napoli«

Man nehme

- 1 kg vorwiegend festkochende Kartoffeln (zum Beispiel der Sorte »Linda«)
- kalt gepresstes Olivenöl
- Salz
- Pfeffer

Zubereitung

1. Kartoffeln in der Schale dämpfen. Ungeschälte Kartoffeln in einer Schüssel servieren.
2. Jeder schält sich seine Kartoffeln selbst, zerdrückt sie mit der Gabel, gießt nach Belieben Olivenöl darüber, verrührt die Kartoffeln zu einem Brei und würzt mit Salz und Pfeffer.
3. Wer's mag, rührt auch noch feingehackten, rohen Knoblauch in den Kartoffelbrei. Dazu schmecken gegrillte Pilze, grüner Spargel mit Kräuter-Vinaigrette oder Peperonata, der italienische Salat aus gebackener Paprika.

Purea di patate »Napoli«

Ingredienti

- 1 kg patate prevalentemente sode
- olio d'oliva spremuto a freddo
- sale
- pepe

Preparazione

1. Lessare le patate senza sbucciarle. Servire le patate non sbucciate in una scodella.
2. Ogni ospite sbuccia la sua patata, la schiaccia con la forchetta e la condisce con olio d'oliva a piacere. Mischia il tutto per ottenere una purea, insaporendo con sale e pepe.
3. A piacimento si può aggiungere anche dell'aglio finemente triturato. La purea s'accompagna bene con funghi grigliati, asparagi verdi con vinaigrette alle erbe o con la peperonata.

Russland

Gefüllte Kartoffeln mit Pilzen

Man nehme

- 7 mittelgroße festkochende Kartoffeln (zum Beispiel der Sorte »Belana«)
- 1 Ei
- 1 EL Mehl
- etwas Salz
- 1 große feingehackte Zwiebel
- 50 g frische Pilze
- 30 g Butter
- Öl zum Braten

Zubereitung

1. Pilze kurz kochen. Zwiebel erst im Pflanzenöl glasig braten. Die Butter und die Pilze dazugeben. So lange braten, bis keine Butter mehr in der Pfanne vorhanden ist. Salzen und abkühlen lassen.
2. Die Kartoffeln schälen und im Salzwasser garkochen. Etwas abkühlen lassen und stampfen.
3. Das Ei trennen. Das Eiweiß in die Kartoffeln einarbeiten, gut verrühren. Anschließend das Mehl hinzufügen und nochmals alles gut verrühren. Etwa einen Esslöffel Kartoffelmasse in die feuchte Hand nehmen und einen kleinen Fladen formen. In die Mitte die Pilzmasse (etwa 1 TL) geben. Die Fladen schließen und rundformen.
4. Auf ein mit Backpapier belegtes Blech legen und mit Eigelb bestreichen. Im vorgeheizten Ofen bei 180° C backen. Sie sollten goldbraun sein. Sie werden als Snack oder als Beilage z. B. zu Suppen gegessen.

Картофель фаршированный грибами

1. Слегка отварить грибы. Пассировать лук до прозрачности в растительном масле. Добавить сливочное масло и грибы. Обжаривать до полного впитывания грибами масла. Посолить и остудить.
2. Почистить картофель и отварить в подсоленной воде до полуготовности. Остудить и размять.
3. Взять яйцо. Отделить желток от белка. Белок добавить в горячий картофель и тщательно перемешать. Добавить муку и еще раз перемешать. Столовой ложкой зачерпнуть картофельную массу и сформовать влажной рукой небольшую лепешку. В середину положить чайную ложку грибов. Лепешку защипнуть и придать форму шара.

Ингредиенты

- 7 картофелин среднего размера (например, сорта »Белана«)
- 1 яйцо
- 1 столовая ложка муки
- немного соли
- 1 большая луковица (мелко порезать)
- 50 гр свежих грибов
- 30 гр сливочного масла
- Растительное масло для обжаривания

V vegan

Polen

Schwarze Klöße

In Schlesien werden diese Klöße manchmal auch »polnische Klöße« genannt. Sie werden immer als Beilage zu Rouladen serviert.

Man nehme

- 600 g in Schale gekochte Kartoffeln (Pellkartoffeln; mehlig kochende Kartoffeln zum Beispiel der Sorte »Ackersegen«)
- 800 g rohe, geschälte Kartoffeln
- 3–4 EL Weizenmehl
- Salz

Zubereitung

1. Pellkartoffeln werden geschält und durch eine Kartoffelpresse gepresst. Die rohen, geschälten Kartoffeln werden auf einer Reibe feingerieben und dann durch ein Leinentuch ausgepresst. Die ausgepresste Flüssigkeit wird in einem Behälter aufgefangen und stehen gelassen.
2. Sobald sich in dem Behälter die Stärke gesetzt hat, wird die übrige Flüssigkeit vorsichtig abgegossen. Die gekochten und durchgepressten Kartoffeln werden mit den geriebenen vermengt. Die aufgefangene Stärke, Mehl und eine Prise Salz werden zu den Kartoffeln hinzugefügt.
3. Alle Zutaten werden sorgfältig zu einem einheitlichen Teig geknetet. Mit den Händen (mit Wasser befeuchtet) werden runde Klöße geformt und anschließend in kochendes Salzwasser gelegt. Die Kochzeit beträgt 6–8 Minuten. Wenn die Klöße an die Oberfläche des Wassers kommen, noch etwas bei geringer Hitze weiterköcheln.

Czarne kluski (pyzy)

Na Śląsku nazywane także niekiedy polskimi. Podawane są zawsze do rolad.

- 600 g ugotowanych w mundurkach ziemniaków
- 800 g ziemniaków surowych
- 3–4 łyżki pszennej mąki
- sól

Ugotowane ziemniaki obierany i przepuszczamy przez maszynkę. Obrane i umyte surowe ziemniaki ścieramy na tarce, odciskamy przez czystą szmatkę. Płyn odstawiamy, a gdy na dnie powstanie osad, zlewamy ostrożnie wodę, a krochmal dodajemy do masy. Łączymy ziemniaki gotowane z tartymi, dodajemy mąkę i szczyptę soli, wyrabiamy jednolitą masę. Lekko zwilżonymi dłońmi formujemy okrągłe kluski, wkładamy je na osolony wrzątek i gotujemy 6–8 minut. Gdy wypłyną na wierzch, trzymamy jeszcze chwilę na małym ogniu.

Japan

Lachsforelle auf Wasabi-Kartoffel-

Man nehme

- 1 kg Lachsforelle
- 100 g Kräuterbutter
- 1 Stück Zitrone, geschält und gewürfelt
- 1 TL gehackte Petersilie
- 4 große mehlige Kartoffeln (zum Beispiel der Sorte »Aula«)
- 100 g Butter
- 100 g Sahne
- 1/2 Bund Basilikum
- Wasabi nach Geschmack
- Salz, Pfeffer

Zubereitung des Fisches

1. Bauchraum der Lachsforelle mit Alufolie füllen und auf ein Zedernholzbrett legen und mit einem Draht oder einer Grillklammer befestigen. Das Zedernbrett senkrecht an den Rand eines Grills mit verschließbaren Deckel stellen.
2. Bei indirekter Hitze und 160 Grad auf dem Grill bei geschlossenem Deckel ca. 30 Minuten garen. Haut von der Lachsforelle abziehen und den Fisch portionieren.
3. Kräuterbutter in einer Pfanne erhitzen, die Zitronenwürfel und die Petersilie dazu geben.
4. Mit Salz und Pfeffer würzen und über den Fisch geben.

Zubereitung der Kartoffeln

1. Kartoffeln in Alufolie einschlagen und auf einem Grill ca. 1 Stunde bei 180° C garen.
2. Kartoffeln aufschneiden und das Innere durch eine Kartoffelpresse geben.
3. Butter, Sahne, Basilikum und Wasabi mixen und mit den Kartoffeln verrühren.

ヤマメのグリル、わさび風味のマッシュポテトに乗せて

材料

- ヤマメ 1kg
- ハーブバター 100 g
- レモン（皮をむき、サイコロ大に）1個
- パセリのみじん切り 小匙1
- ば「アウラ」などの品種） 大4個
- 煮崩れしやすいタイプのジャガイモ（例え
- バター 100 g
- 生クリーム 100 g
- バジル 2/1束
- わさび お好みで
- 塩、こしょう 少々

. ヤマメをアルミホイルで包む。
. 1をオーブンのグリル機能で160度で約30分焼く。ヤマメの皮をむき、人数分に分ける。
. ハーブバターをフライパンで熱し、サイコロ大のレモンとパセリを加える。
. 3を塩とこしょうで味付けし、2にかける。
. ジャガイモをアルミホイルで包み、180度のグリルで1時間ほど焼く。
. ジャガイモの中身をくりぬき、ジャガイモつぶし器でつぶす。
. 2にバター、生クリーム、バジル、ワサビを混ぜ、ジャガイモに混ぜる。

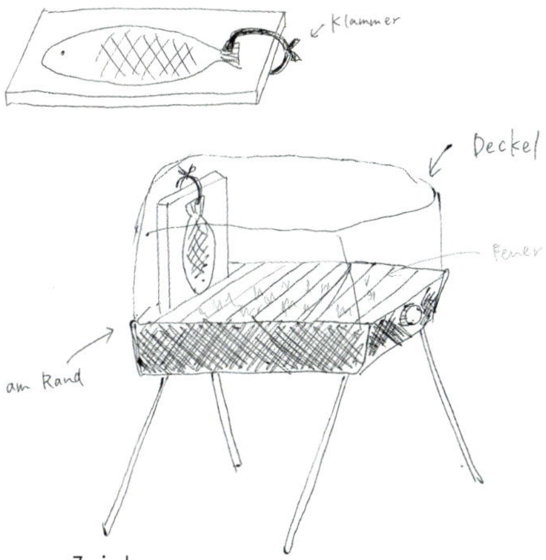

Zeichnung: Mashiro Ito

Australien

Lachsfrikadelle mit Zitronenmayonnaise

Man nehme

- 3 mittelgroße festkochende Kartoffeln (ca. 600 g, zum Beispiel der Sorte »Sebago« oder »Désirée«)
- 1 TL Pflanzenöl
- 1 mittelgroße Speisezwiebel (ca. 150 g)
- 2 Knoblauchzehen
- 400 g Lachsfilet
- 150 g Mayonnaise
- 2 Teelöffel Zitronenabrieb
- 2 Esslöffel frisch gehackte Petersilie
- 2 Eier
- 35 g Weizenmehl
- 50 g Panko Paniermehl

Zubereitung

1. Den Lachs in Alufolie einwickeln und bei 175° C für 20 Minuten im Ofen garen und anschließend zerkleinern.
2. Die Kartoffeln garen, schälen und grob zerdrücken. Die Zwiebel feinhacken und mit dem Knoblauch in einer mittelgroßen Pfanne anschwitzen, bis sie glasig sind.
3. Den Lachs, die Kartoffeln, die Petersilie, den Zitronenabrieb, eine Prise Salz und frisch gemahlenen Pfeffer in eine Schüssel geben und mit einem der Eier zu einem Teig verarbeiten. Aus dem entstandenen Teig 8 flache Frikadellen formen und diese für 30 Minuten kaltstellen.
4. Die Frikadellen in Mehl wenden und mit dem zweiten Ei benetzen. Dann mit Panko panieren. Großzügig Öl in einer großen Pfanne erhitzen und die Frikadellen vorsichtig darin beidseitig braten, bis sie goldbraun sind. Anschließend auf Küchenpapier überschüssiges Fett abtropfen lassen.
5. Für die Mayonnaise entweder gekaufte Mayonnaise aus dem Glas mit Zitronenabrieb vermischen, alternativ frische Mayonnaise selbst herstellen.
   Zusammen servieren.

Salmon patties with lemon mayonnaise

Ingredients

- 3 medium sebago potatoes (600 g)
- 1 tbsp vegetable oil
- 1 medium brown onion
- 2 cloves garlic, crushed
- 400g Salmon filets
- 2 tsp finely grated lemon zest
- 2 tbsp coarsely chopped fresh
- flat-leaf parsley
- 2 eggs
- 1/4 cup (35 g) plain flour
- 1/2 cup (50 g) Panko breadcrumbs

Lemon mayonnaise

- 1/2 cup (150 g) mayonnaise
- 2 teaspoons finely grated lemon zest

Directions

1. Wrap the salmon filets in foil and bake in the oven for 20 minutes at 175° C, let it cool down for 10 minutes, then flake the fish coarsely.
2. Boil, steam or microwave potato until tender, drain; mash coarsely. Heat oil in medium frying pan; cook onion and garlic, stirring, until onion is soft.
3. Combine onion mixture, potato, salmon, rind, parsley and one egg in medium bowl. Season with salt and pepper. Using hands, shape mixture into eight patties, place on tray; refrigerate 30 minutes.
4. Coat patties in flour; shake off excess flour. Dip patties in the second lightly beaten egg; coat in breadcrumbs.
   Heat extra oil in large frying pan; shallow-fry patties until browned both sides and heated through, drain on absorbent paper.
5. For the lemon mayonnaise combine shop bought mayonnaise with the lemon zest, alternatively make your own lemon mayonnaise.
   Serve.

Syrien

Kartoffeln gefüllt mit Hackfleisch

Man nehme

- 2 kg mittelgroße festkochende Kartoffeln (zum Beispiel der Sorte »Cilena«)
- 500 g Hackfleisch
- 2 große Zwiebeln
- 1 Chili
- 1 Bund Petersilie
- 2 große Tomaten
- 50 g Parmesan
- 2 EL Tomatenmark
- 5 TL Öl
- 1 EL Salz
- 1 EL schwarzen Pfeffer, frisch gemahlen
- 1 EL Bharat (nordafrikanische Gewürzmischung meist aus Paprika, Koriander, Muskatnuss, Nelken und Kardamon)
- 1 TL Zimt
- 1 TL getrockneten Thymian
- 1 TL getrocknete Minze
- 1 TL Basilikum
- 1/2 Liter Wasser

Zubereitung

1. Kartoffeln waschen, schälen, halbieren und die Hälften bis kurz vor dem Boden aushöhlen. Die Kartoffeln in einer Pfanne mit Öl 7–10 Minuten anbraten, anschließend in eine Form legen.
2. Zwiebeln in einem Mixer fein zerkleinern, Petersilie feinhacken.
3. In einem kleinem Topf Öl erhitzen, die Zwiebeln und Chili anschwitzen, mit Salz abschmecken.
4. Hackfleisch zugeben und ca. 3 Minuten mit anbraten, gehackte Petersilie und Gewürze zugeben und gut durchmischen.
5. Die Masse mit einem Deckel abdecken und ca. 25 Minuten unter leichter Hitze schmoren lassen sowie alle 5 Minuten umrühren.
6. Kartoffeln mit der Hackfleischmasse füllen.
7. In einem Topf Tomatenmark, Wasser, Salz und Pfeffer zum Kochen bringen.
8. Tomaten in kleine Würfel schneiden und in den Tomatenfond zugeben.
9. Mit einem Esslöffel die Tomatensoße über die gefüllten Kartoffeln gießen.
10. Die Auflaufform abgedeckt in den Backofen auf 200° C für 10 Minuten schieben, danach die Temperatur auf 130° C für ca. 30 Minuten weiter garen.
11. Die gefüllten Kartoffeln abdecken und mit Parmesan bestreuen.
12. Backofen auf 200° C weitere 5 Minuten überbacken.
13. Gefüllte Kartoffeln aus dem Ofen herausnehmen, den Sud in eine Schüssel geben, die Kartoffeln mit gehackter Petersilie bestreuen, alles heiß servieren.

بطاطس محشية باللحم المفروم

الحجم متوسطة بطاطا كيلوغرام ٢

- مفروم لحم غرام ٥٠٠
- كبير حجم بصل ٢
- حار فلفل ١
- باقة بقدونس ١
- الحجم كبيرة طماطم ٢

مبشور بارميزان •جبن غرام ٥٠
الطماطم •معجون كبيرة ملعقة ٢
- زيت صغيره ملعقة ٥

البطاطا لقلي زيت
- ملح كبيرة ملعقة ١

أسود •فلفل كبيرة ملعقة ١
لحمة بهارات كبيرة •ملعقة ١
ناعمة •قرفة صغيره ملعقة ١
مجفف •زعتر صغيره ملعقة ١
سباي •نعناع صغيره ملعقة ١
جاف ,حبق او •ريحان صغيره ملعقة ١
- ماء ليتر ١/٢

١. الأسفل من وتقطع وتحفر ،البطاطا تقشر الزيتب المقالة في تقلى ثم لها قاعدة لعمل .دقائق 10 إلى 7 لمدة الغزير

٢. مرفي البصل في الخلاط جيداً ثم يقطع .جداً صغيرة قطع بالسكين البقدونس

٣. جيداً الزيت يسخن ،المقالة في ،الحشوة لعمل مث ويقلب الملح ،الحار الفلفل ،البصل يضاف .يذبل حتى الخليط

٤. 3 لمدة جيداً ويقلب البصل إلى اللحم يضاف ،البهارات ،المفروم البقدونس يضاف ثم دقائق .جيداً الخليط ويقلب التوابل

٥. متوسطة نار على وتترك واللحم المقالة تغطى ثم دقائق 5 كل التقليب مع دقيقة 25 لمدة .النار عن الخليط يرفع

٦. في صينية. توزع ثم اللحم بخليط البطاطا تحشى

٧. معجون يذوب ،النار على صغير قدر في من القليل إليه يضاف ،الماء في الطماطم .يغلي حتى ثم يترك الأسود والفلفل الملح

٨. إلى يضاف ،صغيرة ملعقة تابعكم الطماطم تقطع الماء ويغلي يقلب لمدة دقيقتين ثم عفري .النار عن القدر

٩. الطماطم والماء خليط من الملعقة بالسكين يسكب قوف البطاطا على لكل واحدة مقدار ملعقة مع بعض قطع الطماطم ثم يسكب باقي الخليط .وتغطى الصينية قعر في

١٠. 10 لمدة عالية نار على الصينية توضع قائق ثم النار فخفت قليلاً وتترك الصينية .دقيقة 30 لمدة

١١. الفرن إلى وتدخل النار عن الصينية ترفع الساخن لمدة 15 دقيقة ثم تخرج، ويوضع فوق كل حبة بطاطا ملعقة من الجبن المبشور .دقائق 5 لمدة الفرن إلى إدخالها داعي ثم

١٢. بكست ،الفرن من البطاطا صينية تخرج

١٣. من القليل بالزيت ،الصوص بعض مع طبق في البقدونس وتقدم ساخنة

Salzkartoffeln, Bratkartoffeln, Backkartoffeln, Röstkartoffeln, Pommes, Chips, Kroketten

Österreich

Geröstete Blutwurst mit Erdäpfeln

Man nehme

- 400 g »speckige«, also festkochende Kartoffeln (zum Beispiel »Naglerner Kipfler«, »Linda« oder »Sieglinde«)
- Öl
- 800 g Blutwurst, ohne Haut, in mundgerechte Stücke geschnitten
- 1 Zwiebel, in feine Scheiben geschnitten
- 1 Knoblauchzehe, durch die Presse gedrückt
- 1/2 TL getrockneten Majoran
- Salz
- schwarzen Pfeffer aus der Mühle
- frischen Meerrettich (Kren)

Zubereitung

1. Am besten schon am Tag zuvor Kartoffeln in Salzwasser ca. 20 Minuten kochen, pellen und in Scheiben schneiden.
2. Öl in einer Pfanne erhitzen und Zwiebeln darin glasig dünsten. Kartoffeln hinzufügen und ebenfalls anbraten. Knoblauch dazugeben und mit Salz und Pfeffer sowie Majoran würzen.
3. Blutwurst zugeben, ständig, aber vorsichtig rühren, bis sie geröstet ist.
4. Meerrettich reiben und über das fertige Gericht streuen.

Blunzngröstl

Zuatodn

- 40 Deka speekige Erdepfin, des haast soiche, de wos feest kochn (zum Beispül »Naglerner Kipfler«, »Linda« oder »Sieglinde«)
- a wengerl Ööj
- 40 Deka Blunzn, ohne Haut, en klane Stückln gschnittn
- a Zwiefö en feine Scheim gschnittn
- a Knofizehn, durch a Pressen druckt
- an hoibn Teelöfi trocknatn Majoran
- Soiz
- schwoazn Pfeffa aus der Mülln
- frischn Kren

Zubereitung

1. Om Besten schon an Tog vurher die Erdepfin in Solzwossa ca. zwanzg Minutn kochn, obschöln und in Scheim schnein.
2. Des Ööj in an Reindl heiss wern losn und de Zwiefön do drin dünstn bis dos glasig san. Erdepfi dazua und oobrodn. Knofi dazua und mit Soiz, Pfeffa und Majoran obschmekn.
3. De Blunzn dazua, dobei olaweu, oba vorsichtig rürn bis grösst is.
4. Den Kren reim und üba de fertiga Speisn.

vegan

Indien

Aloo Matar – Kartoffeln mit Erbsen

Man nehme

- ½ kg kleine festkochende Kartoffeln (zum Beispiel der Sorte »Annabelle«)
- 1½ Tassen Erbsen
- 1–2 grüne Chilis
- 1½ TL Kreuzkümmel
- 1½ TL Salz
- ½ TL Kurkumapulver
- ½ TL rotes Chilipulver
- ½ TL Garam Masala
- 2 TL gemahlenen Koriander
- 2 EL Öl
- 2 EL gehackte Korianderblätter

Zubereitung

1. Kartoffeln schälen und halbieren.
2. Gründlich waschen und auf einem Handtuch trocknen.
3. Chilistiele entfernen, Chilis waschen und hacken.
4. Erbsen waschen und beiseite stellen.
5. Öl im Wok erhitzen, Kreuzkümmel hinzufügen. Wenn die Samen springen, grünen Chili zufügen, ein paar Sekunden anbraten.
6. Turmericpuder und Kartoffelhälften zufügen, mischen und ein paar Minuten anbraten.
7. Salz, rotes Chilipulver und die Hälfte des Korianderpulvers zufügen und gut mischen. Topf abdecken, Hitze reduzieren und Kartoffeln garen.
8. Wenn die Kartoffeln halbgar sind, Erbsen zufügen. Gut mischen, Topf abdecken und weiterköcheln, bis die Kartoffeln und Erbsen gar sind.
9. Restlichen gemahlenen Koriander und Garam Masala zufügen. Gut verrühren und 5 Minuten bei mittlerer Hitze weitergaren. Hitze abschalten.
10. Mit Korianderblättern garnieren.

साममी 4 लोगों के लिए

- छोटे आलू ½ किलो
- हरी मटर 1½ कप
- हरी मिच र् 1–2
- जीरा 1½ छोटा चम्मच
- नमक 1½ छोटा चम्मच
- हल्दी ½ छोटा चम्मच
- लाल मिचर् ½ छोटा चम्मच
- गरम मसाला ⅓ छोटा चम्मच
- धनिया 2 छोटा चम्मच
- तेल 2 बड़ा चम्मच
- कटा हरा धनिया 2 बड़ा चम्मच

बनाने की विधि

1. आलू को छीलकर 2 टुकड़ों में काट लें.
2. अब आलू को अच्छे से धो कर किचन पेपर से पानी पोंछ लें.
3. हरी मिच र् का डंठल हटा कर और उसे अच्छे से धो कर महीन-महीन काट लें.
4. हरी मटर के दानों को धोकर छलनी पर छोड़ दें. अब एक कड़ाही में मध्यम आँच पर तेल गरम करें. अब इसमें जीरा डालें और कुछ सेकें ड के लिए भूनें और आँच धीमी करके कटी हरी मिचर् डालें और कुछ सेकें ड्स भूनें .
5. अब डालें हल्दी पाउडर और आलू के टुकड़े. अच्छे से मिलाएँ और फिर 2 मिनट के लिए आलू को भूनें.
6. अब इसमें डालें नमक, लाल मिचर् पाउडर और 1 छोटा चम्मच धनिया पाउडर . सभी मसालों को आलू के साथ अच्छे से मिलाएँ और फिर आँच को धीमा करके ढककर आलू को गलने दें.
7. जब आलू आधे गल जाएँ तो इसमें डालें हरी मटर . एक बार फिर अच्छे से मिलाएँ और ढककर आलू और मटर के गलने तक पकाएँ.
8. अब बाकी बचा धनिया पाउडर और गरम मसाला डालें और सबको अच्छे से मिलाएँ. 5 मिनट के लिए आलू मटर को मध्यम आँच पर भूनें और फिर आँच को बंद कर कर दें.
9. कटी हुई हरी धनिया से सजाएँ.

V vegetarisch

USA

Bratkartoffeln »Santa Fe« mit Gurken-Paprika-Salsa

Man nehme

Zutaten Gurken-Paprika-Salsa
- 1 Gurke, sehr kleine Würfel
- 1 Paprika, sehr kleine Würfel
- 2 kleine feingehackte rote Zwiebeln
- 1/2 grüne feingehackte Chilischote
- 2 feingehackte Knoblauchzehen
- 4 EL Zitronen- oder Limonensaft
- 2 EL Olivenöl
- 2 EL feingeschnittenes Basilikum
- Salz

Zutaten Bratkartoffeln
- 5 EL Öl
- 1 kg festkochende Kartoffeln (zum Beispiel der Sorte »Sieglinde«), 3 mm dünne Scheiben
- 400 g naturgeräucherten Käse, gerieben und sehr kleine Würfel
- Salz

Zubereitung

1. Gemüsewürfel, Zwiebeln, Chili und Knoblauch mit Zitronensaft und Olivenöl vermischen, Salsa mit Basilikum würzen, mit Salz abschmecken. Etwas durchziehen lassen.
2. Öl in einer großen, beschichteten oder gusseisernen Pfanne erhitzen. Kartoffeln hinzufügen, salzen sowie unter Rühren einige Minuten braten.
3. Kartoffeln zugedeckt bei milder Hitze 20 Minuten schmoren, ab und zu umrühren, damit die Kartoffeln nicht anbraten. Während der letzten Minuten die Kartoffeln unter Rühren goldbraun braten.
4. Kartoffeln mit dem Käse bestreuen. Sobald der Käse schmilzt, Kartoffeln vom Herd nehmen. Mit der Gurken-Paprika-Salsa servieren.

Fried Potatoes »Santa Fe« Cucumber-Green Pepper-Salsa

Ingredients
Cucumber-Green Pepper-Salsa

- 1 cucumber, diced into very small cubes
- 1 green pepper, diced into very small cubes
- 2 small red onions, finely diced
- 1/2 green chili, finely diced
- 2 garlic toes, finely diced
- 4 tbsp. lemon- or lime juice
- 2 tbsp. olive oil
- 2 tbsp. basil, finely cut
- salt

Ingredients Fried Potatoes

- 5 tbsp. oil
- 2.2 lb. (waxy) potatoes (for example, of the kind »Sieglinde«), cut into slices of 1/10 inch
- 1 lb. smoked cheese, grated and in small dice
- salt

Method

Cucumber-Green Pepper Salsa

1. Mix vegetable dice, onions, chili and garlic with lemon juice and olive oil. Season salsa with basil and salt. Rest briefly.

Fried Potatoes

1. Heat oil in big non-sticking or cast iron frying pan. Add potatoes, salt, and fry for several minutes while stirring.
2. Cover and simmer potatoes at low heat for 20 minutes. Stir at times so potatoes do not stick. To finish, fry potatoes golden brown while stirring.
3. Sprinkle potatoes with cheese. Once the cheese melts, remove potatoes from stove and serve with cucumber-green pepper-salsa.

Schweiz

Berner Rösti (x. Variante) mit Zürcher Geschnetzeltem

Man nehme

Rösti

- 1 kg nicht zu weich gekochte Pellkartoffeln vom Vortag (ohne sich in den Grundsatzstreit einzumischen, ob einer vorwiegend festkochenden [zum Beispiel der Sorte »Granola«] oder einer festkochenden Variante [zum Beispiel der Sorte »Linda«] der Vorzug gegeben werden sollte)
- 3 EL eingesottene Butter (Butterschmalz)
- 1 TL Salz
- 2 EL Milch

Geschnetzeltes

- 2 kleine Schalotten
- 100 g Champignons
- 300 g Kalbsfleisch (schier; aus Rücken oder Keule)
- 0,5 TL edelsüßes Paprikapulver
- Pfeffer
- 1 TL Mehl
- 5 EL Öl
- Salz
- 2 TL Butter
- 50 ml Weißwein
- 200 ml Schlagsahne

Zubereitung

1. Die kalten, in der Schale gekochten Kartoffeln schälen und mit einer groben Reibe in Streifchen schneiden.
2. Die Butter in einer Eisenpfanne oder in einer Teflonpfanne erhitzen. Die Kartoffeln mit dem Salz mischen und hineingeben. Alles zu einem Kuchen pressen, mit Milch beträufeln und möglichst dicht mit einem passenden Deckel zudecken. Zwischen der Rösti und dem Deckel sollte kein Hohlraum sein. Sobald die Kartoffeln brutzeln, muss die Temperatur auf kleinste Flamme gestellt werden. Die Kartoffeln so 30 Minuten braten lassen und sodann auf einen Teller oder eine Platte stürzen.
3. Damit sich eine gute Kruste bildet, die Rösti auf keinen Fall umrühren.
4. Schalotten in feine Streifen schneiden. Pilze putzen und in dicke Scheiben schneiden. Kalbsfleisch in 1 cm dicke und 3 cm große Scheiben schneiden. Mit Paprikapulver und Pfeffer würzen und in einer Arbeitsschale mit Mehl bestäuben. 3 EL Öl in einer Pfanne erhitzen. Das Fleisch salzen, bei starker Hitze kräftig anbraten, herausnehmen und in ein Sieb geben. Fleischsaft auffangen. Das restliche Öl und die Butter in der Pfanne erhitzen. Schalotten und Pilze darin 2–3 Minuten braten. Mit Wein ablöschen, mit Sahne auffül und in 2–3 Minuten cremig einkochen lass Das Fleisch mit dem Fleischsaft zugeben u bei kleiner Hitze 5 Minuten garziehen lasse
5. Das Geschnetzelte mit dem Rösti zusamm anrichten. Ein angerichteter Kopfsalat pa: gut dazu.

Bärner Röschti (x. Variante) mit Züri Geschnätzeltem

Zuetate

Röschti

- 1 kg nid zweich kochti Härdöpfu vo geschter (ohni sech imGrundsatzstritt izmische, obme vorwiegend e feschtchochen.di. n.i.mmt (wie zum Bischpiu d'Sorte »Granola«) oder e feschtchochti Variante (wie zum Bischpiu d'Sorte »Linda«) dr Vorzug sött gä wärde.
- 3 EL igsottnige Anke (Bratanke)
- 1 TL Sauz
- 2 EL Miuch

Geschnätzelts

- 2 chlini Zibelä
- 100 g Champignons/Piuze
- 300 g Chaubfleisch, (schier; vom Rügge oder Chöile)
- 0,5 Tl edusüesses Paprikapuver
- Pfäffer
- 1 Tl Mähu
- 5 El Öu
- Sauz
- 2 Tl Anke
- 50 ml Wisswii
- 200 ml Schlagrahm

Zuebereitig

1. Di chaute, no i der Hut kochti Härdöpfu schäle u mit emne grobe Rüschter i Schtreife schnide.
2. Dr Anke inere Isepfanne oder Teflonpfanne heiss mache. D Härdöpfu mitem Sauz mische u dri gäh. Aues zumene Chueche pressä, Miuch druf tröpfle u müglechscht mitemene Dechu zue mache, dass es ganz dicht isch. Zwüsche de Röschti u em Dechu darf keh Hourum si. Sobaud d Härdöpfu brunzle, muess Temperatur uf di chlinschti Flamme igschteut wärde. D Härdöpfu müesse itze für 30 Minute brate und när, muessme mitemene Täuer oder mitere Platte se stürze. Dass sie e gueti Chruschte überchöme, darfme d Röschti uf keh Fau umrühre.
3. Zibelä i fini Streife schnide. Piuze putze u i dicki Schibe schnide.
4. Z Chaubfleisch i 1 cm dicki u 3 cm grossi Schibe schnide. Mit Paprikapuver u Pfäffer würze u ine Arbeitsschale mit Mähu bestöibe. 3 EL Öu ine Pfanne warm mache. Z Fleisch sauze, bi starker Hitz chräftig abrate, usenäh u ines Sib gä. Dr Saft vom Fleisch uffah. Dr räschte vom Öu u Anke i dr Pfanne warm mache. Ziblelä u Piuze drinn 2–3 Minute lah brate. Mitem Wii ablösche, mit Rahm uffüue u 2–3 Minute cremig ichoche lah. Dr Saft vom Fleisch zum Fleisch drzue gäh u bi chliner Hitz no 5 Minute lah gar zieh.
5. Z Gschnäzelte mit dr Röschti zäme arichte. E feine Chopfsalat passt super derzue.

Frankreich

Bonnottes de Noirmoutier mit Langustinen (Kaisergranat)

Man nehme

- 1 kg Bonnotte-Kartoffeln
- 24 Langustinen
- 500 g Herzmuscheln
- 4 Tintenfische (Sepien)
- 1 Glas trockenen Weißwein
- 2–3 Knoblauchzehen
- einige Zweige Zitronenthymian und Rosmarin
- weißen Pfeffer
- grobes Meersalz
- Fleur de sel

Zubereitung

Tintenfisch

1. Die gesäuberten und enthäuteten Tuben in feine Streifen schneiden. Ein wenig Öl in eine Pfanne geben, die Tintenfischstreifen darin goldbraun werden lassen. Die Hitze reduzieren, etwas Weißwein hinzugeben, salzen, pfeffern und 10 Minuten köcheln lassen.

Herzmuscheln

2. Mit viel Wasser (mehrfach wechseln) spülen, sie dann in einen Schmortopf mit etwas Wasser und ein bis zwei Zweigen Thymian geben. Erhitzen, bis sie sich öffnen. Anschließend die Kochflüssigkeit filtern und ebenso wie die Muscheln beiseite stellen.

Bonnottes

3. Die Kartoffeln mit grobem Meersalz abreiben und sie dann mit einem Tuch trockenreiben. Mit einem großen Stück salziger Butter und etwas Olivenöl langsam goldbraun rösten. Etwa 15 Minuten lang regelmäßig wenden.
4. 5 Minuten vor Ende der Garzeit die Tintenfischstreifen hinzufügen und vorsichtig mischen. 5 Minuten später in denselben Topf den rohen Kaisergranat geben, mit einem Glas Weißwein angießen, pfeffern und bei geschlossenem Topf weitere 5 Minuten köcheln. Im letzten Moment die Herzmuscheln hinzufügen, ebenso ihr Kochwasser. Weitere 5 Minuten erwärmen, dann sofort servieren.

Cocotte de Bonnotte de Noirmoutier aux langoustines

Ingrédients

- 1 kg de bonnottes
- 24 langoustines crues
- 500 g de coques
- 4 blancs de seiche
- 1 verre de vin blanc sec
- 2-3 gousses d'ail
- quelques branches de thym-citron, romarin
- poivre blanc
- gros sel
- fleur de sel

Préparation

La seiche

1. Découpez les blancs de seiche en lanières fines ; mettez un peu d'huile dans une poêle et faites-y dorer les blancs pendant une minute, baissez le feu, ajoutez un petit peu de vin blanc, salez et poivrez, puis laissez cuire pendant 10 mn.

Les coques

2. Bien les faire dégorger dans plusieurs eaux puis les faire ouvrir dans une casserole avec un fond d'eau et une ou deux branches de thym ; réserver après cuisson en conservant surtout l'eau de cuisson que vous aurez filtrée pour en éliminer les impuretés.

Les bonnottes

3. Les frotter au gros sel et puis les essuyer dans un torchon. Les faire dorer doucement dans une généreuse noix de beurre salé au gros sel et un petit peu d'huile d'olive. Les retourner régulièrement pendant une quinzaine de minutes.
4. Ajoutez 5 mn avant la fin de cuisson les lanières de seiche, mélangez doucement. 5 minutes après, déposer dans la cocotte les langoustines crues, arrosez d'un verre de vin blanc, poivrez, couvrez et laissez cuire pendant 5 minutes supplémentaires. Au dernier moment, ajouter les coques et leur eau de cuisson, laissez réchauffer 5 minutes supplémentaires puis servez sans attendre.

Mexiko

Thunfisch-Kroketten

Man nehme

- 85 g Frischkäse (zum Beispiel Philadelphia)
- 500 g vorwiegend festkochende Kartoffeln zum Beispiel der Sorte »Agria«
- 250 g nachhaltig gefangenen, in gutem Olivenöl eingelegten Dosen-Thunfisch
- 1 kleine Zwiebel
- 1 kleines Bund Koriander
- 1 Ei
- 1 TL Salz
- 1 Tasse Semmelbrösel
- pflanzliches Öl zum Braten

Zubereitung

1. Käse rechtzeitig aus dem Kühlschrank nehmen und Raumtemperatur annehmen lassen.
2. Kartoffeln schälen und in grobe Stücke schneiden. Kartoffeln in einen Topf geben und mit Wasser bedecken. Bei mittlerer Hitze für 20 Minuten – oder bis sie weich sind – kochen, anschließend gut abtropfen lassen. Kartoffeln auf Raumtemperatur abkühlen.
3. 1 TL Salz zu den Kartoffeln geben. Mit einem Stampfer zu einem Püree zerdrücken. Es können ruhig noch kleine Stückchen bleiben.
4. Thunfisch in ein feines Sieb geben und das Olivenöl vollständig abtropfen lassen.
5. Zwiebel und Koriander feinhacken.
6. In eine große Schüssel die gestampften Kartoffeln, den gut abgetropften, zerkleinerten Thunfisch, Käse, Zwiebeln und Koriander geben. Das Ei, Salz und eine halbe Tasse Semmelbrösel hinzuzufügen. Die Mischung so lange verrühren, bis alle Zutaten gut vermischt sind; dann für etwa 10 Minuten stehen lassen.
7. In einen Topf oder eine Pfanne so viel Pflanzenöl gießen, bis das Öl eine Höhe von etwa einem Zentimeter erreicht hat. Das Öl (nicht zu hoch) erhitzen.
8. Die restlichen Semmelbrösel in eine Schüssel schütten. Einen guten Esslöffel der Thunfischmischung mit angefeuchteten Händen zu einem Ei formen und in den Semmelbröseln wenden. Weitere Kroketten mit der übrigen Thunfischmischung formen. Im heißen Öl bei mittlerer Hitze ca. 5 Minuten braten und dabei einmal oder zweimal wenden, so dass sie auf allen Seiten gebräunt werden.
9. Die gebratenen Kroketten auf einen mit Papiertüchern ausgekleideten Teller legen, um überschüssiges Öl zu entfernen.
10. Kroketten kalt oder warm servieren. Als Beilage kann man einen Salat mit Tomaten, Zwiebeln, gestückelten Avocados und grünem Blattsalat in einer Vinaigrette servieren.

Croquetas de Atún

Ingredientes

- 85 grm de queso crema (tipo Filadelfia)
- 500 grm papas blancas
- 1 lata de atún con aceite
- 1 cebolla pequeña
- 1 manojo pequeño de cilantro
- 1 huevos
- 1 cucharadita sal de apio (o de sal sencilla)
- 1 tazas de pan molido
- aceite vegetal para freír

Preparación

1. Saca el queso del refrigerador para que alcance la temperatura ambiente y esté suave.
2. Pelar las papas y córtalas en trozos toscos. Colócalos en una cacerola y cubrirlos con agua. Cocer a fuego medio durante 20 minutos o hasta que estén suaves. Escurrir muy bien el agua y dejar que las papas se enfríen a temperatura ambiente.
3. Añadir una cucharadita de sal a las papas. Con un aplastador de frijoles, machacar las papas para hacer un puré. Puedes aplastarlas completamente o dejar que sea un puré con trozos pequeños de papas.
4. Abrir la lata de atún y vacía el contenido en un colador fino para que se escurra completamente.
5. Picar finamente la cebolla y el cilantro.
6. En un recipiente grande colocar el puré de papa, el atún bien escurrido, el queso, la cebolla y el cilantro picados, los huevos, la sal y sólamente ½ taza de pan molido. Revolver la mezcla hasta que todos los ingredientes queden perfectamente combinados; después, permite que repose durante aproximadamente 10 minutos.
7. En una cacerola o una sartén honda vertir suficiente aceite vegetal para que llegue a la profundidad aproximada de un centímetro. Calentar el aceite sobre fuego medio.
8. Vertir el resto del pan molido en un plato hondo. Pasar una buena cucharada de la mezcla de atún al plato con pan molido. Utilizar las manos para formar una pieza empanizada de la forma y el tamaño aproximado al de un huevo grande. Coloca la pieza dentro del aceite caliente. Fríela a fuego mediano durante unos 5 minutos, volteándola una o dos veces para que se dore por todos lados.
9. Seguir formando las croquetas y freirlas (3 o 4 a la vez) hasta terminar con la mezcla. Colocar las croquetas fritas sobre un plato forrado de papel de estraza o papel toalla para que escurra el exceso de aceite.
10. Servir las croquetas calientes o al tiempo, acompañadas, si lo deseas, con ensalada de lechuga, cebolla y tomate rojo y aguacate todo en rodajas con una vinagreta.

DDR

Salzkartoffeln mit Grützwurst »Tote Oma«

Der berühmte DDR-Fernsehkoch Kurt Drummer hat dieses in der DDR als »Tote Oma« bekannte Rezept in seiner legendären Sendung »Der Fernsehkoch empfiehlt« vorgestellt.

Man nehme

- 1 kg mehlig kochende Kartoffeln (zum Beispiel der Sorte »Adretta«)
- 150 g Speck
- 2 Zwiebeln
- 500 g Grützwurst
- Brühe (auch von Brühpulver oder Brühpaste)
- Semmelbrösel
- Majoran
- Salz, Pfeffer

Zubereitung

1. Speck und Zwiebel kleinwürfeln und ausbraten. Grützwurst in dicke Scheiben, dann in Würfel schneiden, zugeben, unter Rühren anbraten. Mit Brühe aufgießen, bis eine breiige Masse entsteht, unter Rühren aufkochen.
2. Mit Semmelbrösel andicken, Majoran, Salz und Pfeffer zugeben.
3. Kartoffeln schälen und in gesalzenem Wasser kochen.

Servieren: Grützwurst mit Sauerkraut und Salzkartoffeln auftragen.

Je nach Region gab es als Sättigungsbeilage auch Quetschkartoffeln (Kartoffelbrei) mit Apfelmus oder Petersilenkartoffel mit Salat.

Mexiko

Papas Arrugadas

Man nehme

- 1 kg festkochende Kartoffeln (zum Beispiel der Sorte »Hansa«)
- 3 EL grobes Meersalz

Zubereitung

1. Die Kartoffeln unter klarem Wasser säubern. In einem Kochtopf mit Wasser (dass sie gerade so bedeckt sind) und dem Salz zum Kochcn bringen.
2. Wenn die Kartoffeln gar sind (Probe machen), das Wasser abschütten und die Kartoffeln auf der heißen Herdplatte ausdampfen lassen.
   Dabei die Kartoffeln mehrmals hin und her rütteln, so dass sich die typische weiße Salzkruste auf den Kartoffeln bilden kann.

Papas arrugadas

Ingredientes

- 1 kg Papas bien cocidas
- 3 Cucharas soperas de sal de mar gruesa

Preparación

1. Limpiar las papascon agua clara. Hervir las papas en una cacerola con agua y la sal, cuidar que las papas estén cubiertas por agua ar razo.
2. Cuando la papas estén listas (hacer una prueba), retirar el agua y dejar que enfriar en la estufa caliente. Entre tanto remover las papas hasta que se logre la tipica capa blanca de sal crujiente.

Frankreich

Rindertartar mit Röstkartoffeln

Man nehme

- 450 g Rindersteak
- 8 schöne, neue, festkochende Kartoffeln (ca. 600–700 g, zum Beispiel der Sorte »Belana«)
- 2 Eier
- 1 große weiße Zwiebel (ca. 60 g)
- 1 EL Senf
- 1 EL in Essig eingelegte Kapern
- etwas frische Kräuter oder glatte Petersilie
- 100 ml Olivenöl

Zubereitung

1. Das Rindersteak vom Metzger feinhacken lassen. (Man kann es auch selbst mit dem Messer kleinhacken).
2. Die Zwiebel schälen und ganz klein schneiden. In einer Salatschüssel Eigelb, Senf, Salz, Pfeffer und Zwiebel mischen. Das Öl langsam hinzugießen und dabei mit dem Schneebesen schlagen, wie um eine Mayonnaise herzustellen. Das Fleisch in die Soße einarbeiten. Zugedeckt kalt stellen.
3. Backofen auf 180° C vorheizen.
4. Kartoffeln waschen, nicht schälen. Sie längs halbieren und mit der glatten Seite nach oben in die Fettpfanne legen. Jede Kartoffelhälfte mit einem Schuss Öl begießen. Gut 20 Minuten lang im Backofen garen, bis sie goldgelb und knusprig sind.
5. Das Rinderhack zu vier Kugeln formen und leicht plattgedrückt auf kalten Tellern anrichten, mit den Kapern und frischen Kräutern dekorieren.
4. Die sehr heißen Kartoffeln drumherum arrangieren.

Quelle: Jean-Pierre Coffe, Mon Marché Gourmand, o. O. 2003

Onglet de bœuf tartare Pommes de terre rôties

Ingrédients

- 450 g d'onglet de bœuf
- 8 belles pommes de terre nouvelles (600 à 700 g environ)
- 2 œufs
- 1 gros oignon blanc (60 g environ)
- 1 cuillère à soupe de moutarde
- 1 cuillère à soupe de câpres au vinaigre (facultatif)
- d'herbes fraiches ou de persil plat
- 1 dl d'huile d'olive
- sel
- poivre

Préparation

1. Faire hacher le bœuf par le boucher ou le hacher soi-même au couteau.
2. Éplucher l'oignon, l'émincer finement. Dans un saladier, réunir les jaunes d'œufs, la moutarde, le sel, le poivre et l'oignon. Verser l'huile d'olive en filet et tourner avec un fouet comme pour monter une mayonnaise. Incorporer la viande à cette sauce. Garder au frais, couvert, tel quel.
3. Préchauffer le four à 180° C.
4. Laver les pommes de terre, ne pas les peler. Les couper en deux dans le sens de la longueur. Les poser dans la lèchefrite, côté chair vers le haut. Arroser chaque demi-pomme de terre d'un filet d'huile. Laisser cuire 20 bonnes minutes. Elles vont dorer et devenir croustillantes.
5. Mouler les tartares en 4 sphères légèrement aplaties sur des assiettes froides. Décorer avec les câpres et une pincée d'herbes fraiches.
5. Accompagner des pommes de terre brulantes.

V vegan

Mexiko

Folienkartoffeln mit Mojo Rojo

Man nehme

- 1 kg neue Kartoffeln, festkochend (zum Beispiel der Sorte »Linda«)

Mojo Rojo

- 300 g abgezogene Tomaten in Stücken
- 1/2 Scheibe Vollkorntoast, fein zerbröselt
- 2 gehackte Knoblauchzehen
- 2 EL Olivenöl
- 1 TL Essig
- 1/2 TL Cumin
- 1/2 TL edelsüße Paprika
- 1/2 TL Oregano
- Salz
- Pfeffer
- 2–3 EL Wasser

Zubereitung

1. Kartoffeln in Alufolie einwickeln und im auf 220° C vorgeheizten Backofen je nach Größe der Kartoffeln 30–40 Minuten backen. Oder die eingewickelten Kartoffeln in der Glut des Grillfeuers garen.
2. Tomaten, Toastbrösel, Knoblauch, Öl, Essig, Cumin, Paprika und Oregano im Mixer oder mit dem Mixstab feinpürieren. Die Soße mit Salz und Pfeffer abschmecken. Falls die Soße zu dick ist, etwas kaltes Wasser unterrühren.

Patatas al horno con Mojo Rojo

Ingredientes

- 1kg Papas sin precocido (por ejemplo, la variedad »Linda«)

Mojo Rojo

- 300 g de tomates, pelados, piezas
- 1/2 rebanada de pan integral tostado, finamente desmenuzado
- 2 dientes de ajo picados
- 2 cucharadas de aceite de oliva
- 1 cucharadita de vinagre
- 1/2 cucharadita de comino
- 1/2 cucharadita de pimiento dulce rojo en polvo
- sal
- pimienta
- 2–3 cucharadas de agua

Preparación

1. Embolver las papas en papel de aluminio y dependiendo del tamaño de las papas hornear 30-40 minutos en un horno precalentado a 220 grados. Opcional cocer las papas envueltas a las brasas en la hornilla de la parrilla.

2 Hacer un puré con los tomates, migas de pan tostado, ajo, aceite, vinagre, comino, pimentón y orégano en una licuadora o batidora. Sazonar la salsa con sal y pimienta. Si la salsa está demasiado espesa, agregar un poco de agua fría.

China

Kartoffelstreifen scharf und sauer

Man nehme

- 250 große vorwiegend festkochende Kartoffeln (zum Beispiel der Sorte »Agria« oder »Augsburger Gold«)
- 2–3 getrocknete Chillies
- Erdnussöl zum Braten
- Rotweinessig
- Sojasoße
- Salz
- Sesamöl

酸辣土豆丝

主料

250 克土豆,最好是比较耐煮的品种如 AGRIA 或 AUGSBURGER GOLD

调料

2 到 3 个小干辣椒
花生油用来煎土豆
红葡萄酒醋
酱油
盐
芝麻油

Zubereitung

1. Die Kartoffeln schälen, in feine Scheiben und dann in streichholzfeine Streifen schneiden – oder auf einer Julienne-Reibe reiben. In einer Schüssel mit kaltem Wasser rund 15 Minuten stehen lassen, die Stärke abwaschen und in einem Handtuch abtrocknen.
2. Öl in einem Wok heiß werden lassen, die Kartoffeln 2 Minuten anbraten. Wenn die verbliebene Feuchtigkeit der Kartoffelstifte verdampft ist, die gehackten Chillies, etwas Essig und Sojasoße, evtl. etwas Salz dazugeben, kurz weiter braten. Die Kartoffeln sollen nicht mehr roh schmecken, aber noch knackig sein.
3. Aus dem Wok nehmen und auf einer Platte anrichten. Nach Belieben Sesamöl darüberträufeln.

做法

将土豆削皮，切成薄片，再切成像火柴棍大小的细丝，也可用刮菜的刮子将土豆刮成细丝．将切好的土豆丝放入一大碗内用凉水浸泡１５分钟，然后将土豆丝捞出，放在一干净的厨房布中沥干．花生油放入炒锅中烧热，加入土豆丝炒２分钟，将土豆丝的水汽炒干后，放入切碎的干辣椒末，加醋，酱油和盐再炒几分钟, 使土豆丝没有生硬味道了,但还是很脆.出锅放入盘中后,再滴入少许芝麻油,即可上桌.

England

Fisch & Chips mit Erbsenpüree nach Heston Blumenthal

Der für ein gewöhnlich einfacher zuzubereitendes Gericht verwendete Aufwand lohnt. Wer das Gericht einmal so aufgetischt hat, wird hohes Lob erhalten. Der Fisch in seiner Kruste ist wirklich kross und die Chips sind perfekt: mit einer knusprigen Kruste und einem fluffigen Inneren.

Man benötigt neben der normalen Küchenausstattung einen Soda Siphon und CO_2-Kapseln sowie eine Friteuse und einen Zerstäuber.

Ideal ist es, wenn man einen Steinbutt bekommt, der 2,5 kg wiegt und den man selbst oder der Fischhändler filetiert. Andernfalls nehmen Sie vier Filets. (Bekommt man keinen Steinbutt, tut es nach Blumenthal auch Kabeljau.)

Man nehme

Für den Fisch:

- 200 g Mehl
- 200 g weißes Reismehl, zusätzlich etwas Reismehl zum Bestäuben
- 1 TL Backpulver
- 1 EL Honig
- 300 ml Wodka
- 300 ml Lagerbier
- 2–3 Liter Erdnussöl
- Salz
- frisch gemahlenen schwarzen Pfeffer

Für die Chips:

- 1,2 kg Arran Victory oder Maris Piper Kartoffeln (da es diese beiden Sorten außerhalb Englands kaum gibt, tun es zum Beispiel auch die Sorten »Agria«, »Marena« oder »Bintje«)
- 2–3 Liter Erdnussöl
- Salz
- Meersalz

Für das Erbsenpüree:

- 475 g Tiefkühlerbsen
- 65 g Butter
- 6 Blätter Minze
- Salz und Pfeffer zum Abschmecken

Zum Servieren:

- 1 Glas mit Zwiebeln, eingelegt in Malz- oder Weißweinessig

Zubereitung

Für den Fisch:

1. Mehl, Reismehl und Backpulver in eine Schüssel schütten. Honig und Wodka in ein Kännchen geben, umrühren und mit der Mehlmischung zu einem Teig verrühren. Das Lagerbier in den Teig einrühren, bis es sich so gerade vermischt hat. Es macht nichts, wenn alles noch ein wenig klumpig ist. Das Wichtigste ist, die Lagerbierflasche erst zu öffnen, wenn man das Bier mit dem Teig verrührt und in den Siphon gießt, damit so viele Luftbläschen wie möglich bleiben.
2. Den Teig in eine Kanne gießen, sodann in einen Siphon (zum Beispiel einen der Firma ISI). Mit drei CO_2-Kapseln befüllen und für mindestens 30 Minuten in den Kühlschrank tun.
3. In eine Pfanne oder einen Topf so viel Erdnussöl gießen, dass der Fisch bedeckt ist. Das Öl auf 220° C erhitzen. Die Temperatur mit einem Digitalthermometer überprüfen. (Es empfiehlt sich nicht, eine Friteuse hierfür zu benutzen, weil die Temperatur zu sehr schwankt und auch Probleme hat, 220° C zu erreichen.)
4. Die Steinbuttfilets abspülen und mit Papiertüchern abtrocknen. Gut würzen und mit Reismehl bestäuben – das sorgt dafür, dass der Teig besser an den Filets haften bleibt. Überschüssiges Mehl abklopfen.
5. Den Siphon aus dem Kühlschrank nehmen. Kräftig schütteln und nur so viel Teig in eine mittelgroße Schüssel spritzen, dass ein Filet bedeckt wird. (Nicht zu viel Teig nehmen, denn er verliert seine Bläschen, sobald er aus dem Siphon kommt.) Das Filet in den schaumigen Teig tauchen. Wenn es völlig überzogen ist, vorsichtig in das Öl eintauchen, um Spritzer zu vermeiden.
6. Während der Fisch brutzelt, ihn ein wenig mit weiterem Teig beträufeln, um ihm ein schönes krustiges Äußeres zu geben. Wenn er leicht goldbraun ist, was 1 bis 2 Minuten dauert, das Filet wenden und auch auf diese Seite ein wenig Teig tröpfeln.
7. Den Fisch ungefähr eine weitere Minute braten, bis er tief goldbraun geworden ist, und aus dem Öl herausheben. Mit einem Digitalmessgerät prüfen, ob das Filet gar ist: Das Messgerät in den dicksten Teil des Filets stecken. Wenn es 40° C anzeigt, den Fisch beiseite stellen. Die Resthitze wird ihn weiter auf 45° C erhitzen.
8. Die gleiche Prozedur für die übrigen Filets wiederholen.

Für die Chips:

1. Kartoffeln waschen und schälen, in Chips von ungefähr 1,5 cm Dicke schneiden. Sie müssen nicht alle die gleichen Masse haben. (Abweichungen ergeben ein größeres Spektrum von Texturen.) Sobald die Chips zurechtgeschnitten sind, in eine Schüssel tun und sie für 2 bis 3 Minuten unter fließendes kaltes Wasser stellen, damit sie einiges an Stärke abgeben. Sodann abtrocknen.
2. Eine große Pfanne oder Kasserolle mit Salzwasser zum Kochen bringen (10 g Salz pro Liter Wasser). Chips hineingeben, wieder zum Kochen bringen und dann so lange simmern

lassen, bis die Chips fast aufgebrochen sind (es sind Risse, die sich bilden, wenn die Kartoffel aufbricht, das Fett einfängt und so eine krosse Kruste bildet). Es ist wichtig, dafür zu sorgen, dass das Wasser nur leise simmert, so dass die Kartoffeln nicht anfangen, auseinanderzufallen, bevor sie gar sind.

3. Kartoffel mit einer Schaumkelle vorsichtig aus dem Wasser schöpfen und auf ein Kuchengitter legen (wenn man kein passendes Kuchengitter hat, tut es zur Not auch Küchenpapier). Abkühlen lassen und in den Kühlschrank tun, bis sie erkaltet sind. (Die trockene Luft des Kühlschranks sorgt dafür, dass überflüssige Feuchtigkeit durch Verdunstung entfernt wird.)
4. Genügend Erdnussöl, so dass sie ganz bedeckt sind, in eine Friteuse gießen und auf 130 Grad erhitzen. Chips hineingeben und so lange frittieren, bis sie ein trockenes Äußeres annehmen und leicht gebräunt sind.
5. Chips herausnehmen und überschüssiges Fett abtropfen lassen. Chips auf einem Kuchengitter (oder zur Not auf Küchenpapier) abkühlen und wieder in den Kühlschrank tun, bis sie erkaltet sind.
6, Erdnussöl auf 190° C erhitzen. Chips hineingeben und so lange frittieren, bis sie goldbraun sind. Das dauert ungefähr 8–10 Minuten.
7. Chips (auf Küchenpapier) trocknen, mit einer Mischung aus Salz und Meersalz würzen und sie neben dem Fischfilet anhäufen.

Für das Erbsenpüree:

1. Die gefrorenen Erbsen in einem großen Topf, gefüllt mit kaltem Wasser, auftauen – das dauert nur ein paar Minuten. In einem Sieb möglichst viel Wasser abschütteln.
2. Ein Fünftel der Erbsen beiseite tun. Die übrigen Erbsen zusammen mit der Butter und 50 ml Wasser in eine Sauteuse geben. Bei mittlerer Hitze so lange köcheln, bis das Wasser verdunstet ist und die Erbsen gar sind. Wenn das Wasser sehr hart ist, nimmt man am besten gekauftes Tafelwasser (oder noch besser entionisiertes Autobatteriewasser), weil das hilft, dass die Erbsen beim Kochen ihr sattes Grün behalten.
3. Die gekochten Erbsen in einem Mixer (oder Stabmixer) pürieren. Währenddessen den Geschmack mit der Minze und Salz und Pfeffer abrunden.
4. Die beiseite gelegten Erbsen unterheben und servieren.

Zum Servieren

Einlegeflüssigkeit der eingelegten Zwiebeln in einen Zerstäuber geben und im Zimmer oder auf den Fisch und die Chips versprühen.

Quelle: Heston Blumenthal, In Search of Perfection, Great Britain 2006

Fish & Chips and mushy peas

after Heston Blumenthal

Ingredients

For the fish

- Ideally, get a whole turbot weighing 2.5kg and fillet it yourself or get the fishmonger to do it. If you can't, get four individual ones.
- 200g plain flour
- 200g white rice flour, plus extra for dusting
- 1 tsp baking powder
- 1 tbsp honey
- 300ml vodka
- 300ml lager
- 2-3 litres groundnut (peanut) oil
- 4 large turbot fillets, 2-3cm thick
- table salt
- freshly ground black pepper

For the chips

- 1.2 kg Arran Victory or Maris Piper potatoes
- 2-3 litres groundnut (peanut) oil
- table salt and sea salt

Mushy peas

- 475 g frozen peas
- 65 g butter
- 6 mint leaves
- salt and pepper, to taste

Method

1. Tip the plain flour, rice flour and baking powder into a bowl. Put the honey and vodka into a jug, stir, then add to the flour to create a batter mix. Open the lager and stir it into the batter until just combined. It doesn't matter if the consistency is a little lumpy. The most important thing is to open the lager just before stirring and transferring to the siphon, to retain as many bubbles as possible.
2. Transfer the batter to a jug, then pour it into a soda siphon. Charge the siphon with three CO_2 charges and put it in the fridge for a minimum of 30 minutes.
3. In a large pan or casserole, put enough groundnut oil to cover the fish. Heat it to 220° C, using the digital probe to check the temperature. (It's best not to use a deep- fat fryer for this, because the temperature fluctuates too much and has trouble reaching 220° C.)
4. Rinse the turbot fillets and dry them with paper towels. Season well, then dust with rice flour – this ensures the batter sticks to the fillets. Shake off any excess flour.
5. Remove the siphon from the fridge. Shake it vigorously, then squirt enough batter to cover a fillet into a medium-sized bowl. (Don't squirt out too much – the batter begins to lose its bubbles as soon as it leaves the siphon.) Dip the fillet into the foamy batter. When it is completely coated, lower the fillet

head first into the oil holding it by the narrow tail end to avoid splashes.

6. As the fish fries, drizzle a little extra batter over it, to give a lovely crusty exterior. When it has turned a light-golden brown, which will take 1–2 minutes, turn the fillet over and drizzle more batter on that side.
7. Let the fish cook for another minute or so, until it has coloured to a deeper golden brown, then remove it from the oil. Use the digital probe to check it is cooked: insert the probe into the thickest part of the fish – once it reads 40° C, the fillet should be set aside. The residual heat will cook it to a temperature of 45° C.
8. Repeat the above process with the remaining fillets.

Chips

1. Wash and peel the potatoes, then cut them into chips about 1.5cm thick. (Don't worry too much about making them all the same size: the variation will give a greater range of textures.) As soon as the chips are cut, place them in a bowl under cold running water for 2-3 minutes, to rinse off some of the starch, then drain.
2. Bring a large pan or casserole of salted water to the boil (adding 10g salt per litre of water), add the chips, bring back to the boil and then simmer until the chips have almost broken up (it's the fissures that form as the potato breaks up that trap the fat, creating a crunchy crust). It is important to make sure the simmer is gentle, so that the potatoes don't start to fall apart before they have cooked through.
3. Using a slotted spoon, carefully lift the potatoes out of the water and place on a cake rack. Leave to cool, then put in the fridge until cold. (The dry air of the fridge makes a good environment in which to remove excess moisture from the chips via evaporation.)
4. Pour enough groundnut oil to cover the chips into a deep-fat fryer and heat it to 130C. Plunge in the chips and allow them to cook until they take on a dry appearance and are slightly coloured.
5. Remove the chips and drain off the excess fat. Place them on a cake rack and allow to cool, then return to the fridge until cold.
6. Reheat the groundnut oil to 190° C. Plunge in the chips and cook until golden brown. This will take 8–10 minutes.
7. Drain the chips, season well with a mixture of table and sea salt, then pile next to the fish fillets.

To serve

1 jar of onions pickled in malt or white-wine vinegar (whichever is the more evocative) and put it in an atomiser.
Decant the pickling juice from the jar of pickled onions into the atomiser and squirt it around the room or on the fish and chips.

Mushy Peas

1. Defrost the frozen peas in a large pot filled with cool water – this should take a only few minutes. Strain, shaking off as much excess water as possible.
2. Reserve about one-fifth of the peas. Place the remaining peas into a sauté pan, along with the butter and 50ml water. Cook over a medium heat until all the water has evaporated and the peas are cooked through. If your water is very hard, it would be best to buy some bottled water (or, even better, deionized car-battery water) to use when cooking the peas, as this will help to keep their colour bright green.
3. Place the cooked peas into a blender (or use a stick blender) and purée. While blending, adjust the taste by adding the mint leaves and the salt and pepper.
4. Fold in the reserved peas and serve.

Da liegen nun die Kartoffeln
und träumen ihrer Auferstehung entgegen

im Gedenken an Robert Gernhard

vegan

Japan

Süßkartoffel-Sesam-Dango

Man nehme

Für etwa 15 Stück:

- 250 g Süßkartoffeln
- 175 g Klebreismehl
- 100 g Ahornsirup
- 60 g Sesam
- Wasser
- Öl zum Frittieren

Zubereitung

1. Süßkartoffel schälen, in etwa 2 cm dicke Scheiben schneiden und garkochen. In eine Schüssel geben und mit einer Gabel zerdrücken.
2. Nach und nach Ahornsirup und Klebreismehl dazugeben und zu einem glatten Teig kneten.
3. In einem Topf das Öl auf mittlerer Hitze warm werden lassen.
4. Den Sesam auf einen flachen Teller geben. Aus dem Teig 15 Kugeln formen. Jede Kugel kurz in Wasser tauchen, abtropfen lassen und anschließend im Sesam wenden, bis sie ganz bedeckt ist.
5. Wenn das Öl heiß genug ist (zum Testen ein kleines Stück Teig hineingeben – kommt es direkt wieder an die Oberfläche und es bilden sich daran viele Bläschen, ist es heiß genug), jeweils im Abstand von einer Minute eine Teigkugel hineingeben und ausbacken. Die Kugeln sind fertig, sobald sie an der Oberfläche schwimmen und sich ihre Größe etwa verdoppelt hat.
6. Mit einer Schaumkelle aus dem Fett holen und kurz auf Küchenpapier abtropfen lassen. Heiß servieren.

サツマイモとゴマのお団子

材料（約15個分）
サツマイモ　250g
もち米粉　175g
メープルシロップ　100g
ゴマ　60g
水　適量
フライ用の油

サツマイモの皮をむき、2センチの輪切りにし、しっかりゆでる。ボールに入れてスプーンで押しつぶす。

少しずつメープルシロップともち米粉を加え、こねて滑らかな生地を作る。

フライパンに油を入れ、中火で熱する。

平らな皿にゴマを入れる。生地から15個の団子を作る。団子を水に浸し、よく水を切ったら、ゴマにまぶす。ゴマはまんべんなく団子をおおうようにする。

油が熱くなり、ためしに生地を少しだけ油に落とすとすぐに表面に浮き上がってき、たくさんの泡が立つくらいになったら、1分ごとに団子を入れ、揚げる。団子が油の表面に浮き、2倍くらいの大きさに膨れたら完成。

網じゃくしで団子を引き上げ、キッチンペーパーで油を切る。熱いうちに食卓へ。

Kolumbien

Gefüllte Kartoffeln

Man nehme

- 8 mittelgroße mehlig kochende Kartoffeln (zum Beispiel der Sorte »Aula« oder »Bintje«)
- 250 g Rinderhackfleisch
- 2 mittelgroße Tomaten
- 1 mittelgroße Zwiebel
- 1 Paprikaschote
- 1 Knoblauchzehe
- 1 kleine Karotte
- 100 g Tiefkühl-Erbsen
- Salz
- schwarzen Pfeffer
- 1/4 Pf Weizenmehl
- 1 Ei
- Erdnussöl

Zubereitung

1. Geschälte Kartoffeln in Salzwasser weichkochen und zu feinem Püree stampfen.
2. Karotte und Zwiebel in kleine Würfel schneiden, Knoblauchzehe sehr fein hacken, Tomaten stückeln, Paprikaschote schälen, entkernen und in Stücke schneiden.
3. In einer Pfanne mit etwas Öl Rinderhackfleisch mit den Gemüsezutaten und den aufgetauten Erbsen scharf anbraten und ca. 10 Minuten im eigenen Sud köcheln lassen. Mit Salz und frisch gemahlenem Pfeffer abschmecken.
4. Aus dem Kartoffelpüree faustgroße Bällchen formen, eine Öffnung machen und sie mit der Fleischmischung füllen. Die Öffnung verschließen.
5. Aus dem Mehl, einer Tasse Wasser und dem Ei einen sehr flüssigen Teig rühren. Mit Salz und frisch gemahlenem Pfeffer abschmecken.
6. Die gefüllten Kartoffelbällchen in den Teig eintauchen. Falls nötig, Teig abtropfen lassen.
7. Ausreichend Erdnussöl auf 180° C erhitzen und Kartoffelbällchen nach und nach in etwa drei Minuten goldbraun ausbacken.
8. Mit einem gemischten Salat servieren.

Papas rellenas

Man nehme

- 8 papas medianas y grandes precocidas (por ejemplo de la clase »Aula« o »Bintja«)
- 1/2 libra de carne de res molida
- 2 tomates medianos
- 1 cebolla mediana
- 1 Pimiento
- 1 diente de ajo
- 1 zanahoria pequeña
- 100 g de chicharos congelados sal
- pimienta negro
- 1/4 libra de harina de trigo
- 1 huevo
- aceite de cacahuete

Zubereitung

1. Cocinar las papas peladas en agua con sal hasta que se suavicen y hacer un puré fino.
2. Cortar la zanahoria y la cebolla en cubos pequeños, picar muy finamente diente de ajo, cortado los tomates en trozos, pelar el pimiento, quitar las semillas y cortar en trozos.
3. En una sartén con un poco de aceite dorar la carne molida con los vegetales y los chicharos descongelados y cocine a fuego alto, y durante unos 10 minutos en su propio jugo. Sazone con sal y pimienta recién molida.
4. Con el puré de papas formar bolas del tamaño de un puño, hacer un agujero y llenarlo con la mezcla de carne. Cerrar la abertura con la misma papa.
5. Revolver la harina, una taza de agua y el huevo hasta lograr una pasta muy líquida. Sazonar con sal y pimienta recién molida.
6. Sumergir las bolas de papas rellenas en el dip, si es necesario se quitan los restos del dip.
7. Calentar el aceite de cacahuete a 180° y dorarlas en tres minutos cada una.
8. Servir con una ensalada mixta.

Kartoffel-Teig-Varianten
Kartoffelpasta

Italien

Kartoffelklößchen-Lombardei

Man nehme

- 500 g mehlig kochende Kartoffeln (zum Beispiel der Sorte »Ackersegen«)
- 2 Eigelb
- 125 g Mehl
- Salz

Zubereitung

1. Kartoffeln mit der Schale weichkochen. Abgießen, pellen und noch heiß durch ein Kartoffeleisen pressen. In eine Schüssel geben und mit den beiden Eidottern, dem Mehl und einer Prise Salz vermengen.
2. Kleine Portionen vom Kartoffelteig abstechen und mit den Händen zu fingerdicken Röllchen formen. Alle 2 cm Gnocchi abtrennen. Damit die Gnocchi ihre typische Rillenform erhalten, streicht man sie mit dem Daumen über die Zinken einer Gabel ab.
3. In Salzwasser garen und mit der Schaumkelle herausheben, sobald sie nach 2–3 Minuten an der Oberfläche auftauchen.
4. Mit einer Soße nach Wahl servieren. Traditionell reicht man eine Tomatensoße mit Basilikum dazu.

Quelle: La Cucina Casalinga, hrsg. von Susanne Bunzel, München 1995

Gnocchi di patate

Ingredienti

- 500 g patate a polpa farinosa
- 2 tuorli
- 125 g farina
- sale

Preparazione

1. Lessare le patate non sbucciate fino a quando saranno tenere. Scolare, sbucciare, p assarle allo schiacciapatate ancora calde. Mettere in una scodella e amalgamare il ricavato con i tuorli, la farina e un pizzico di sale.
2. Prendendone poco alla volta formare dei piccoli filoncini. Tagliarli in tanti pezzetti della lunghezza di circa 2 centimetri e strisciarli con il pollice sui rebbi di una forchetta.
3. Cuocere per due o tre minuti in acqua salata e toglierli con un mestolo forato appena gli gnocchi salgono a galla.
4. Il condimento è a piacere: tradizionalmente si serve con sugo al pomodoro e basilico.

Da: La Cucina Casalinga, a cura di Susanne Bunzel, München 1995

vegetarisch

Italien

Pestonudeln mit Kartoffeln und Bohnen

Man nehme

- 5 Bund junges, frisches Basilikum
- 1 Handvoll geröstete Pinienkerne
- 2 geschälte Knoblauchzehen
- 50 g Butter
- 100 ml kalt gepresstes Olivenöl
- Salz
- 2–3 größere, vorwiegend festkochende Kartoffeln (zum Beispiel der Sorte »Gala« oder »Gloria«)
- 200 g grüne Bohnen
- 400 g Spagetti
- frisch geriebenen Parmesan

Zubereitung

1. Für das Pesto das Basilikum waschen, trocknen und die Blätter von den Stielen zupfen. Mit gerösteten Pinienkernen, Knoblauchzehen, Butter, Olivenöl und ein wenig Salz entweder in einem Mörser fein zerstampfen oder in einem Mixer pürieren.
2. Die Spagetti in einen großen Topf mit kochendem Salzwasser geben und 15 Minuten nicht zu weich kochen. Die geschälten Kartoffeln in kleine Stücke schneiden und mit den geputzten und halbierten Bohnen nach 5 Minuten dazugeben.
3. Vom Nudelwasser etwa 6 Esslöffel mit dem Pesto sämig verdünnen.
4. Spagetti, Kartoffeln und Bohnen abgießen und mit der Pestosoße mischen, in vorgewärmte Teller geben und mit Parmesan bestreuen.

Pasta al pesto con patate e fagiolini

Ingredienti

- 5 mazzetti di basilico fresco
- 1 manciata di pinoli
- 2 spicchi d'aglio sbucciati
- 50 g burro
- 100 ml olio d'oliva extra vergine spremuto a freddo
- sale
- 2–3 patate grandi compatte
- 200 g fagiolini
- 400 g spaghetti
- Parmigiano grattugiato

Preparazione

1. Per il pesto: lavare e asciugare il basilico, strappare le foglie. Schiacciare in un pestello con i pinoli, l'aglio, il burro, l'olio e un po' di sale, o tritare con un mixer.
2. Cuocere gli spaghetti in una pentola grande con acqua bollente salata per ca. 15 minuti. Tagliare le patate sbucciate a pezzetti e aggiungere con i fagiolini puliti e tagliati a metà dopo 5 minuti. Stemperare il pesto con ca. 6 cucchiai dell'acqua della cottura.
3. Scolare spaghetti, patate e fagiolini e mischiare con la salsa al pesto. Disporre in piatti preriscaldati e spargere con il parmigiano.

Italien

Kartoffelklößchen mit Basilikumsoße

Man nehme

Gnocchiteig:

- 500 g mehlig kochende Kartoffeln (zum Beispiel der Sorte »Aula«)
- Salz
- 2 Eier
- 200 g Mascarpone
- 150 g Weizengrieß
- 150 g geröstete Pinienkerne
- weißen Pfeffer aus der Mühle
- frisch geriebene Muskatnuss
- Mehl zum Formen

Soße:

- 250 ml Kalbs- oder Geflügelbrühe
- 250 g Sahne
- 20 ml Sherryessig
- 20 ml Sherry Fino
- 1 Bund Basilikum
- 2 EL geschlagene Sahne
- 4 EL Olivenöl zum Braten
- 100 g frisch geriebenen Pecorino

Zubereitung

1. Für den Teig die Kartoffeln waschen, schälen und vierteln. In wenig Salzwasser garkochen. Das Kochwasser abgießen, die Kartoffeln durch eine Presse drücken und abdampfen lassen. Ei, Mascarpone und den Grieß sowie die Pinienkerne untermischen, mit Salz, Pfeffer und Muskat würzen und alles zu einem glatten Teig verkneten.
2. Die Kartoffelmasse in einen großen Spritzbeutel mit großer Lochtülle füllen, fingerdicke Rollen auf eine bemehlte Arbeitsfläche spritzen und diese in 2–3 cm lange Stücke schneiden.
3. Für die Soße die Brühe, Sahne, den Essig und Sherry in einer Sauteuse oder einem hochwandigen Topf um ein Drittel einkochen lassen.
4. In einem großen Kochtopf reichlich Salzwasser zum Kochen bringen. Die Gnocchi in dem Salzwasser ziehen lassen. Sobald sie an der Oberfläche schwimmen, mit einem Schaumlöffel herausheben und gut abgetropft in dem erhitzen Olivenöl kurz anbraten. Mit Salz und Pfeffer würzen.
5. Zum Schluss Basilikumblätter feinhacken und mit der geschlagenen Sahne unter die eingekochte Soße ziehen.
6. Die Gnocchi auf vorgewärmte Teller verteilen, mit der Soße begießen und mit dem geriebenen Käse bestreut servieren.

Gnocchi di patate con salsa di basilico

Ingredienti impasto gnocchi

- 500 g patate di pasta farinosa
- sale
- 2 uova
- 200 g mascarpone
- 150 g semolino
- 150 g pinoli tostati
- pepe bianco macinato
- noce moscata appena grattugiata
- farina per la spianatoia

Ingredienti salsa

- 250 ml di brodo di manzo o gallina
- 250 g panna
- 2 cl aceto al sherry
- 2 cl Sherry Fino
- 1 mazzetto di basilico
- 2 cucchiai di panna montata
- 4 cucchiai di olio d'oliva
- 100 g pecorino, appena grattugiato

Preparazione

1. Pulire, sbucciare e tagliare le patate a pezzi. Lessare in poca acqua salata. Scolarle, passarle allo schiacciapatate e fare raffreddare. Impastate il passato con l'uovo, il mascarpone e i pinoli, insaporire con sale, pepe e noce moscata, e impastare. Deve risultare alla fine una pasta omogenea e soffice.
2. Mettere l'impasto di patate in una tasca da pasticciere con un beccuccio dal foro piuttosto grande, schiacciare per ottenere dei filoncini grossi quanto un dito, tagliare in pezzetti della lunghezza di 2-3 cm.
3. Per la crema far addensare in una casseruola alta il brodo, la panna, l'aceto e il sherry per un terzo.
4. Lessare gli gnocchi in una grande pentola con abbondante acqua salata. A mano a mano che vengono a galla, ritirarli con la paletta bucata e soffriggerli brevemente in olio d'oliva. Condire con sale e pepe.
5. Alla fine tritare le foglie di basilico e mischiare con la panna montata nella salsa addensata.
6. Disporre gli gnocchi sui piatti preriscaldati, condirli con la crema e servire con il formaggio grattugiato.

V vegetarisch

Ukraine

Wareniki à la Nellski

Man nehme

- 500 g Weizenmehl, Typ 405
- 2 Eier
- 1/4 Liter Milch
- 150 g Sauerkraut
- 200 g Kartoffeln, etwa 3 mittelgroße festkochende (zum Beispiel der Sorte »Sieglinde« oder »Cilena«)
- 1 TL Zucker
- Salz und Pfeffer
- Kümmelpulver
- Petersilie
- 1 Msp. Senf, mittelscharf
- n. B. Kurkuma und Bockshornklee
- 3 EL Butter oder Margarine
- 1 l Brühe
- 2 Lorbeerblätter
- zerlassene gesalzene Butter
- gehackte Petersilie
- 1/2 Becher Schmand
- 1 TL Frischkäse

Zubereitung

1. Das Mehl, Salz, 2 Eier und 200 ml Milch zu einem Teig verarbeiten, gut durchkneten. Der Teig fühlt sich anfangs äußerst klebrig an, später geschmeidig; wenn nicht, mit etwas Milch oder Mehl korrigieren. Den Teig 30 bis 60 Min. zugedeckt in den Kühlschrank stellen.
2. Währenddessen die geschälten und kleingeschnittenen Kartoffeln garkochen und danach stampfen. Das Sauerkraut auswaschen, kleinhacken, mit dem Püree vermischen und zurück in den Topf auf dem Herd geben – bei kleiner Flamme 50 ml Milch langsam zugießen, Butter oder Margarine zugeben, dabei umrühren, bis ein weicher Brei entsteht. Einen Teelöffel Zucker (nach Bedarf mehr) und ein wenig Senf hinzugeben und mit gemahlenem Kümmel, Salz und Pfeffer abschmecken. (Nach Belieben noch mit ein wenig Kurkuma und Bockshornkleesaat würzen.) Den Brei abkühlen lassen.
3. Den Teig 1 bis 2 mm dick auf einer bemehlten Arbeitsfläche ausrollen. Mit einem größeren Glas Kreise ausschneiden, auf jeden Kreis 1 gehäuften Teelöffel Füllung geben. Die Teigränder mit Daumen und Zeigefinger fest zusammendrücken, so dass Halbmonde entstehen, dabei mittig anfangen. (Ein Teigrädchen mit Zacken- oder Wellenprofil böte sich jetzt an für dekorative Zwecke.) Teigreste wieder verkneten und ausrollen. Aufpassen, dass die Füllung nicht die Teigränder verschmiert, sonst können sie sich beim Kochen öffnen!
4. Die fertigen Warenikis in die kochende Brühe mit den Lorbeerblättern geben. Nachdem sie oben schwimmen, müssen sie noch 3 Min. köcheln. Dabei aufpassen, dass keine am Boden kleben bleiben. Gesamtkochzeit ca. 8 Min.
5. Auf dem Teller dann mit zerlassener gesalzener Butter übergießen, mit kleingehackter Petersilie bestreuen und mit folgendem Dip garnieren:
6. Den halben Becher Schmand mit einem Teelöffel Frischkäse und einem Spritzer Zitronensaft gut umrühren, dabei etwas Milch oder Wasser hinzufügen, dass eine cremige Konsistenz entsteht.

Вареники а ля нельські

Man nehme

- 500 г пшеничного борошна, тип 405
- 2 шт. яйця
- 1/4 літри молока
- 150 г квашеної капусти
- 200 г відвареної картоплі, приблизно 3 шт. середнього розміру (наприклад, сорту »Зиглінде« або »Силена«)
- 1 ч. ложки цукру
  солі та перцю
  молотого тмину
  петрушки
- 1 щіпка гірчиці середньої гостроти
- за потреби куркума
- за потреби фенугрек (пажитник)
- 3 ст. ложки масла чи маргарину
- 1 літри окропу
- 2 шт. лаврового листа
  розігріте посолене вершкове масло
  нарізана петрушка
- 1/2 стаканасметани
- 1 ч. ложки кисломолочного сиру

1. Наготувати для тіста борошно, сіль, два яйця та 200 мг молока, добре замісити. Спочатку тісто буде дуже липке, пізніше - м'яке; якщо ні, тоді виправити це невеликою кількістю молока або борошна. Тісто накрити кришкою та помістити в холодильник на 30–60 хв.
2. Тим часом почистити картоплю, нарізати її малими шматками та відварити, після чого розім'яти. Промити квашену капусту, дрібно нарізати, змішати з пюре і додати назад в каструлю і поставити на плиту на малий вогонь. Повільно доливати 50 мл молока, додати масла або маргарину, при цьому помішуючи до того часу, поки не утвориться м'яка суміш. Сюди додати чайну ложку цукру (якщо необхідно, то й більше), трішки гірчиці та подрібненого тмину, солі, перцю за смаком. (На свій розсуд можна трішки приправити куркумом та фенугреком). Суміш охолодити.
3. На робочій поверхні посипати борошно та розкачати тісто завтовшки 1–2 мм. Більшою склянкою вирізати кружельця. На кожне кружельце чайною ложкою покласти начинку. Краї тіста зліплюють разом великим і вказівним пальцями, щоб утворилися «півмісяці» з начинкою всередині. (Різак із зубцями або хвилями для тіста можна застосувати з метою декору). Заново розмісити і розкачати рештки тіста. Зверніть увагу, щоб суміш для наповнення не торкалась країв тіста, бо тоді вони можуть відкритися під час варіння!
4. Готові вареники опускають у киплячу воду разом з лавровим листком. Після того, як вони повиплирають на поверхню, їх варять ще 3 хвилини. Треба дивитися, щоб жоден вареник не приклеївся до дна. Загальний час варіння – приблизно 8 хвилин.
5. Подаючи на стіл, тарілку змащують розігрітим посоленим вершковим маслом, посипають дрібно нарізаною петрушкою та додають до страви такий соус: півстакана сметани добре розмішати з чайною ложкою кисломолочного сиру та каплею лимонного соку, додаючи при цьому невелику кількість молока або води до утворення кремоподібної суміші.

vegetarisch

Japan

Neue Kartoffeln mit Yaki-Nori

Man nehme

- 500 g kleine neue Kartoffeln (zum Beispiel der Sorte »Bamberger Hörnchen«, »la Ratte« oder »Mandelkartoffeln«)
- Salz
- Pfeffer
- 45 g Butter
- ½ Zitrone
- 1 Yaki-Nori-Blatt (Größe 20 x 18 cm)
- 2 EL Schnittlauchröllchen

(Nimmt man nur im Mai erhältliche Bonnotte-Kartoffeln von Nourmoutier und nimmt man statt eines Yaki-Noriblatts junge Salicorne-Sprossen aus Frankreich oder deutschen jungen Queller, wird aus einem japanischen ein französisches Gericht.)

Zubereitung

1. Gesäuberte Kartoffeln ungeschält in Salzwasser (10 g Salz auf 1 Liter Wasser) nicht zu weich kochen. 3 EL Kochwasser abnehmen und Kartoffeln abgießen.
2. Von einer halben Zitrone mit einer feinen Microplane-Reibe Schale abreiben. Zitronenabrieb, 2 EL Zitronensaft, Butter und Kochwasser zu den Kartoffeln geben. Alles erneut unter Rütteln des Topfes erhitzen.
3. Das Yaki-Noriblatt in feine Streifen geschnitten über die Kartoffeln streuen. Zugedeckt bei geringer Hitze etwa 2 Minuten mit erhitzen, bis die Noristreifen weich sind. Mit Salz und Pfeffer würzen und mit Schnittlauch bestreuen.

新じゃがいもの焼き海苔がけ

- 小さい新じゃがいも　500g　（たとえばバンベルガー· ヘルンヒエン、ラッテカルトッフェル、あるいはアーモンドカルトッフェルなどの品種）
- 塩　少々
- こしょう　少々
- バター　45g
- レモン　1/2個
- 焼き海苔（20×18cmの大きさ）　1枚
- アサツキ　大匙2

（5月にのみ入手可能なノワールムティエ産のボンネット種のジャガイモを使い、焼き海苔の代わりにフランスのアッケシソウのスプラウトかドイツの若いアッケシソウを使うと日本料理からフランス料理に変わります。）

ジャガイモを洗い、皮をむかずに塩水（1リットルの水に10gの塩）に入れ、やわらかくなりすぎないようにゆでる。ゆで汁を大匙3ほど取り分け、残りのお湯を捨てる。レモンの皮を、フードグレーターですりおろす。レモンのすりおろした皮、レモン汁大匙2、バター、ゆで汁をゆでたジャガイモに加える。鍋を揺らしながら再び火にかける。

焼き海苔を細切りにし、ジャガイモの上に散らす。

鍋に蓋をして弱火で2分、焼き海苔が柔らかくなるまで温める。塩、こしょうで味をととのえ、アサツキを散らす。

Soßen

vegetarisch

Frankreich

Neue Rouille

Traditionelle sämige Soße aus Südfrankreich, beliebte Begleiterin der Bouillabaisse

Man nehme

- 2 Knoblauchzehen
- 250 ml Olivenöl
- 1 Eigelb
- 1 vorwiegend festkochende Kartoffel (zum Beispiel der Sorte »Sieglinde«)
- 6 Prisen feines Salz
- 2 Prisen Safranfäden
- 1 g Piment d' Espelette (gemahlen) (Mengenangaben für 6 Personen)

Zubereitung

1. Kartoffel waschen und ungefähr 20 Minuten kochen. Die beiden Knoblauchzehen schälen und klein hacken. Die gegarte Kartoffel pellen und in kleine Stücke schneiden. Kartoffel und Knoblauch in eine Schüssel geben und mit einem Spatel zerquetschen. Das Eigelb hinzugeben und mit der Kartoffel-Knoblauch-Masse vermischen. Die Kartoffel muss noch warm sein.
2. Salzen und die Safranfäden hinzufügen. Das Olivenöl in kleinen Portionen nach und nach einarbeiten, damit die Masse cremig bleibt und nicht seifig wird. Man kann auch ein bisschen Zitronensaft hinzufügen.

Rouille

Une sauce traditionnelle du sud de la France, fidèle accompagnatrice de la bouillabaisse

Man nehme

- 2 gousses d'ail
- 250 ml huile d'olive
- 1 jaune d'?uf
- 1 pomme de terre à chair fondante
- 6 pincées sel fin
- 2 pincées pistils de safran
- 1 g poudre de piment d'espelette (pour six personnes)

Zubereitung

1. Laver la pomme de terre, puis le mettre dans une casserole et la recouvrir d'eau froide. Porter à ébullition et cuire pendant 20 min environ.
2. Éplucher et hacher les 2 gousses d'ail. Lorsque la pomme de terre est cuite, la éplucher puis la couper en morceaux.
3. Dans un bol ou dans un grand pilon, mettre l'ail et la pomme de terre et les travailler à la spatule en ajoutant le jaune d'?uf. La pomme de terre doit être encore chaude lorsque vous l'écrasez. Saler, ajouter le safran et le piment, puis monter progressivement la sauce avec 25 cl d'huile d'olive. Il convient d'intégrer l'huile petit à petit pour que la pomme de terre conserve son moelleux et ne devienne pas élastique. Il est aussi possible d'ajouter un trait de jus de citron.

Österreich

Erdäpfelsoße

Man nehme

- 5 große vorwiegend festkochende Kartoffeln (zum Beispiel der Sorte »Rosara«)
- 1 Lorbeerblatt
- 2 angedrückte Wacholderbeeren
- je eine Prise Salz, schwarzen Pfeffer aus der Mühle, Kümmel, Majoran
- 1 klein geschnittene Gewürzgurke
- frische Gemüsebrühe

Zubereitung

1. Kartoffeln würfeln und in wenig Gemüsebrühe weichkochen.
2. Die Gewürze nach Geschmack mitkochen. Die Kartoffeln zu einer Soße feinstampfen, die Gurkenwürfelchen dazugeben, nochmals abschmecken. Falls nötig, mit etwas Gemüsebrühe verdünnen.

Die Soße passt gut zu gekochtem Fleisch.

Erdepfesos

Man nehme

- 5 gresere grosteuls spekige Erdepfe (z.B. »Rosara«)
- 1 Lorberbladl
- 2 zadruckte Kranewitterbern
- a weng Soez und Pfefa aus derMüln, Kimmi und Kuchlkraud
- 1 kloane gschnitane Gwirzguakn
- frische gmiassupm

Zubereitung

1. Erdepfe wirfen und in a weng gmiassupm waach kochn. De Gwirz noch gusto mitkochn. De Erdepfe gonz fein zu aner sos zastompfn, de guaknwirfaln eine tuan und no amol obschmeckn. Wons netig is, mit da gmiassupm vadinna.

De Sos posd guad zu an kochtn Fleisch.

vegetarisch

Portugal

Kartoffelsoße

Man nehme

- 200 g mehlig kochende Kartoffeln (zum Beispiel der Sorte »Blauer Schwede«, die nach dem Kochen ihre bläuliche Farbe behält und der Soße daher eine hellblaue Farbe gibt)
- 1 Zwiebel
- 1 Knoblauchzehe
- 2 El Olivenöl
- 50 ml Weißwein
- 100 ml Schlagsahne
- 1 Stiel Thymian
- 1 Prise Rosenpaprikapulver
- Salz

Zubereitung

Kartoffeln schälen und feinwürfeln. Zwiebeln feinwürfeln, Knoblauch feinhacken. Olivenöl in einem Topf erhitzen. Kartoffeln, Zwiebeln und Knoblauch kurz darin andünsten. Mit Weißwein, Sahne und 250 ml Wasser ablöschen. Thymian dazugeben und alles 20 Minuten zugedeckt köcheln lassen. Thymian entfernen, die Kartoffeln mit dem Sud feinpürieren und mit 1 Prise Paprikapulver und etwas Salz würzen.

Die Soße passt gut zu gegrilltem Fisch und zum Beispiel Spitzkohlsalat.

Molho de Batata

Ingredientes

- 200 g de batatas para cozer (por exemplo a variedade de batata »Congo Blue«* que mantem a sua cor azulada depois de ser cozida e que dá uma cor azul clara ao molho)
- 1 cebola
- 1 dente de alho
- 2 colheres de sopa de azeite
- 50 ml de vinho branco
- 100 ml de nalas
- 1 ramo de tomilho
- 1 pitada de pimentão doce
- Sal

* Variedade de batata com cor azul, com o nome »Blauer Schwede« em Alemão, e »Congo Blue« em Português e Brasileiro.

Descascar as batatas e cortar em cubos pequenos. Cortar cebolas em cubos pequenos, e picar o alho. Aquecer o azeite numa panela, e refogar ligeiramente as batatas, as cebolas e o alho no azeite.

Juntar o vinho branco, as natas e 250 ml de água. Juntar tomilho, e deixar cozinhar numa panela tapada durante 20 minutos em lume brando. Tirar o tomilho, e passar as batatas e o caldo. Temperar com uma pitada de pimentão doce e um pouco de sal.

O molho é bom para acompanhar peixe grelhado e por exemplo uma salada de couve coração.

Spezialitäten aus deutschen Landen

Rheinland-Pfalz

Birkenfelder Kartoffelwurst

Links vom Rhein, genauer noch: an dessen Nebenfluss Nahe, gehört die Kartoffelwurst zu den sinnstiftenden Lebensmitteln. Ganz besonders in einer kleinen Residenzstadt namens Birkenfeld.

Die Französische Revolution brachte das Gebiet, dessen Territorium Teile des nördlichen Saarlandes und des angrenzenden Nahe-Berglandes umfasst, zu Frankreich. Mit dem Wiener Kongress entstand das Fürstentum Birkenfeld. Es sollte in den folgenden 120 Jahren dem Großherzogtum Oldenburg zugehören. Birkenfeld an der Nahe war zu jener Zeit also Verwaltungssitz der oldenburgischen Herrschaft.

Verwaltung, Militär, Politik und das Schulwesen wurden oldenburgisch. Allein der Geschmack auf den Zungen der Untertanen erwies sich hartnäckig den eigenen Traditionen verbunden.

Die Entstehung der Kartoffelwurst liegt im Dunkel der Geschichte. Aber sie ist auch heute noch aus dem Alltag nicht wegzudenken. Vor allen Dingen donnerstags, denn dann – und nur dann – gibt es sie in allen Metzgereien. Die beste ihrer Art erhielt man in der Metzgerei von Addy Buch. Das Geheimnis ihrer Güte liegt unzweifelhaft darin begründet, dass sie gar nicht erst versucht, ihre Hauptzutat – die Kartoffel – unter großen Mengen von Fleischresten, salzigem Speck und Gewürzen zu verstecken. Sie ist, was sie ist. Eine Wurst aus Kartoffeln.

Hier das Rezept, von Herrn Buch persönlich niedergeschrieben:

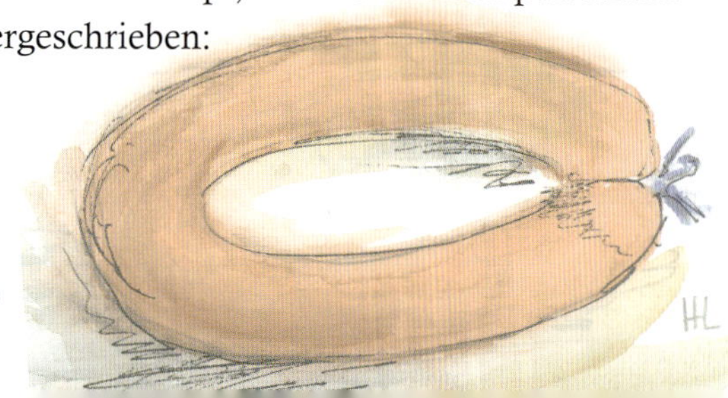

Eisch selwascht mache mei Grombeerworscht folgendamaße:

- 10 Pond Grombeere, vorwiegend feschtkochend
- 2,5 Pond Bauchlappe von der Wutz, ohne Knoche, met Schwaad gekocht
- e troggena Rohesser; kama, muss ma awer ned
- e fauschdgroß Zwiwwel
- Off a Kilo Mass werz eisch med: 20 g growem Salz
- 1 g weißem Peffer
- 2 g getroggeltd on geriwweld Hahnekreitsche

1. For warm se gen, schitt ma dad Kochwassa vom Bauchlappe iwwer die Grombeere on die Zwiwwel. No e paar Minudde dad Wassa wirra abgiese on alles dorsch de Wolf dräe, Lochscheib 4–5 mm. Met de Gewerze verrrehre. Wenn die Mass se trogge aussit, bes zu 250 ml von de Brih debei gen. Gefellt werd dehäm meischd in Gläser.
2. Eisch felle mei Grombeerworschd in Rendsdärm im Kaliewer 40/43 mm, orrer wer et liewer digger mahn 43/46. Die in Ring abegbonn Werschd gen dann bei 70–80° C zerga än Stonn gegaad.
3. On dann gurre Abeditt orrer die Worscht im kalde Wasser kalt gen losse on ofhänge.

Aus: Meyers Konversationslexikon 1896

Rheinland-Pfalz

Pfälzer Saumagen – wie die Kartoffel zweimal in den Magen kommt

Do wird die Wutz geschlacht, do wird die Worscht gemacht …

Ernst Bloch hat ihn gekannt, Fritz Walter und Hans Dietrich Genscher wurden durch ihn geehrt. Friedrich Deidesheimer, Redner und Mitorganisator des Hambacher Festes von 1832, hat ihn sicher geliebt, so wie alle Pfälzer. Er, der Saumagen, ist und war von jeher das Pfälzische Nationalgericht.

Der internationale (Saumagen-) Durchbruch gelang allerdings erst unter der Ägide von Helmut Kohl. Der Altbundeskanzler gilt als der Erfinder der Saumagendiplomatie: Staatsgäste wie Margaret Thatcher, Michail Gorbatschow, Ronald Reagan und François Mitterand ließ er mit der pfälzer Spezialität bewirten.

Ursprünglich war der Saumagen ein einfaches Bauerngericht, das es bei den herbstlichen Schlachtenfesten zu essen gab. Man nahm alles Gute vom Schwein, Gewürze und viele Kartoffeln, füllte den Magen damit, verschloss ihn mit Nadel und Faden und garte den so präparierten Saumagen im Wurstkessel.

Heutzutage gibt es den Saumagen das ganze Jahr hindurch in allen Metzgereien der Pfalz und in vielen Metzgereien des angrenzenden Saarlandes, dem nördlichen Elsass um Wissembourg und der Kurpfalz. Und ausnahmslos findet man ihn auf der Karte in allen Weinstuben der Pfalz und den Wanderhütten des Pfälzer Waldes.

Auch wenn die Vorderpfalz, und hier vor allem die Weinstraße, heute als das Epizentrum der Saumagenbewegung gilt, sind sich die Pfälzer nicht ganz einig, wer den Saumagen erfunden hat. Der Saumagen sei von Westricher Bauern zwischen Zweibrücken und Pirmasens um das Jahr 1700 erfunden worden, behaupten die Westpfälzer: »Die Vorderpälzer hänge sich's Streißje um, awwer de Saumache kummt vum Westrich.«

Aber dieser Streit, wie auch der Streit um den besten Saumagen, wird friedlich, quasi olympisch, ausgetragen: alle zwei Jahre auf dem »Internationalen Saumagenwettbewerb« organisiert von der Fleischer Innung Südliche Weinstraße Landau-Germersheim.

Die Pfälzer lieben ihren Saumagen, ihren Wein und die Demokratie. Und wer alles zusammen erleben will, der gehe nach Hambach – am Fuß des Hambacher Schlosses. Am besten im Herbst, zur Weinlese – »do wird die Wutz geschlacht, do wird Worscht gemacht, und herrlichen Wein gibt's im Pfälzer Land.«

Man nehme

Die Zutaten für den Saumagen sind eigentlich immer die gleichen: Schweinefleisch, Brät oder Bratwurstfüllsel, Kräuter, Gewürze und natürlich viele Kartoffeln.
Was von Hausfrau zu Hausmann und von Fleischer zu Metzger variiert, ist das Verhältnis der Zutaten, vor allem der Kartoffelanteil, die Feinheil des Bräts und natürlich die Gewürzzusammenstellung.

- 1 Schweinemagen, beim Fleischer vorbestellen
- 3 gehackte Zwiebeln
- 1,5 kg festkochende Kartoffel, in Würfel geschnitten und kurz vorgebrüht
- 800 gr. Schweinenacken, durch den Fleischwolf sehr klein gemahlen
- 500 gr. mageres Schweinefleisch, in Würfel geschnitten
- 2 Weizenbrötchen in Wasser oder Milch eingeweicht und ausgedrückt
- 2 Eier
- 1 Bund glatte Persersilie
- mit Salz, Pfeffer, Muskat, Majoran und Thymian abschmecken

Zubereitung

1. Zuerst den Saumagen vorbereiten, dazu zwei der drei Ausgänge des Schweinemagens mit Küchengarn zubinden oder zunähen. Dann die Zwiebelwürfel in Butter glasig braten, die gehackte Petersilie dazu, kurz umrühren, abkühlen lassen und in eine große Schüssel geben.
2. Alle übrigen Zutaten dazutun, würzen und kräftig durcharbeiten. Die so erhaltene Masse in die verbleibende Öffnung des Magens füllen. Nicht zu fest füllen, da sich die Masse, wie bei allen Würsten, beim Brühen ausdehnt. Die Öffnung mit einem Küchengarn verschließen und für zweieinhalb Stunden bei 80° C in einem großen Topf brühen. Auf keinen Fall darf das Wasser kochen!
3. Nach Ende der Garzeit aus dem Wasser heben, abtropfen lassen und auf der Servierplatte 10 Min. ruhen lassen. Dann in Tranchen scheiden und mit Weinsauerkraut und Bauernbrot servieren, »on eneme scheene Pälzer Woi«.
4. Wer sich die Mühe nicht machen möchte und die eine oder andere Metzgerei – im oder am Rande des Epizentrums – in puncto Saumagen ausprobieren möchte, erhält dort die Spezialität kalt als ganzen Magen oder auch in Tranchen, die man dann zu Hause in Butterschmalz brät.
5. »Beliebt is aach de gebroodene Saumaache, des sin Schnitte vum Saumache, die wo in de Pann oo'g'broode wärn«, heißt es im Artikel über Saumaache im Pfälzer Wikipedia unter www.pfl.wikipedia.com. »Do kenener läse, schraiwe un dischbediere.«

Alla hopp!

Bremen

Labskaus

Man nehme

- 1 kg Pökelfleisch (man kann auch Corned Beef nehmen)
- 2 Lorbeerblätter
- 6 Pfefferkörner
- 1 kg mehlige Kartoffeln (zum Beispiel der Sorte »Gala«)
- 500 g Zwiebeln
- ca. 50 g Butter
- 6 Salzgurken
- 500 g eingelegte Rote Beete
- 8 Matjesfilets
- pro Person je ein Spiegelei, einen Rollmops und Gewürzgurken

Zubereitung

1. Das Fleisch zusammen mit den Lorbeerblättern und den Pfefferkörnern in Wasser ca. 1½ Stunden garkochen.
2. Kartoffeln waschen, mit der Schale in wenig Wasser mit etwas Salz im geschlossenen Topf garkochen, abschrecken, pellen und zerstampfen. Zwiebeln pellen, in Ringe schneiden und in der Butter glasig dünsten. Salzgurken würfeln. Rote Beete (ohne Saft) zermusen. Matjesfilets kleinschneiden.
3. Das fertig gegarte Fleisch ebenfalls kleinschneiden. Abschließend all diese Zutaten miteinander vermengen. Sollte die Masse etwas zu fest sein, kann sie mit etwas Pökelbrühe verdünnt werden.
4. Labskaus portionsweise auf Tellern anrichten und je ein Spiegelei, Gurken und einen Rollmops dazulegen.

Todaten

- 1 Kilo Kantüffeln (mehlig kaakend)
- 1 Pund Pökelfleesch or Corned Beef
- 1 Zibbel
- Öl
- Suur inleggt Gurken Köönt ok seutsuur Gurken sien
- Rode Beete (kaackt or inleggt)
- Hering: Rullmops, Bismark oder ok de dänschen seuten Hering
- 4 Eier

As dat maakt ward

1. Kantüffeln schälen un kaaken, bit se week sünd. Gurken un Rode Bete in lütte Stücken sneden. Man nich all´ns, mutt noch wat för de Dekoratschoon blieven.
2. Fleesch to Mus drücken. De Zibbeln in lütte Stücken sneden. Kantüffeln rutholen un to Mus stampen.
3. Öl in ´n grote Pann gäben, denn op´t Füer doon un heet moken. Zibbeln in de Pann un glasig warrn loten. Fleesch in de Pann un anbroten. Dat Füer lütt stelln.
4. Gurken un Rode Beete in den Pott met Zibbeln un Fleesch. Kantüffelmus dorto. Warm holln un af un an dörröhrn. Nu hess Labskaus in´n Pott.
5. Spegeleier in de Pann braden.
6. Labskaus op de Teller don. Nu hess 'n Labskausbarg. 1–2 Gurken un Rode Beete blangenbi as Dekoratschoon leggen. De Hering kümmt half blangenbi un half op den Labskausbarg.
7. Baben op den Labskausbarg kümmt dat Spegelei.

Fürstentum Lippe

Lipper Pickert

Im Tecklenburger und im Lipper Land sind die Pickert heute heiß umschwärmt. Hunger und Not der Leineweber in der Mitte des vorigen Jahrhunderts ließen das Gericht entstehen.

Geboren aus der Idee, eine preiswerte und doch schmackhafte und kräftige Speise auf den Tisch zu bringen, ist der Pickert zum Nationalgericht der Lipper geworden. Buchenweizenmehl, Kartoffeln, Milch und Eier waren die Hauptzutaten, die man allesamt auf dem eigenen Hof produzierte.

Das Geheimnis eines guten Pickerts aber ist, die Zutaten richtig aufeinander abzustimmen. Gebacken werden diese »Kuchen« in der Pickertpfanne; ganz früher sogar auf der heißen Platte des Kohleherdes. Sein Name hat seinen Ursprung daher: Der Teig pickte (klebte) schnell auf der Ofenplatte fest.

Man nehme

- 30 g Hefe
- 3 EL Milch
- 1,25 kg vorwiegend festkochende Kartoffeln (zum Beispiel der Sorte »Granola«)
- 3 Eier
- 1/8 l saure Sahne
- 160 g Buchweizen oder Weizenmehl
- evtl. einige Speckscheiben

Zubereitung

1. Die Hefe in der lauwarmen Milch anrühren und gehen lassen.
2. Die Kartoffeln schälen, reiben und ausdrücken. Die Masse mit den Eiern, Salz, Mehl und der Sahne vermengen. Die Hefe zufügen und einarbeiten.
3. Den Teig 90 Minuten gehen lassen. Eine Pickertpfanne fetten und erhitzen – evtl. einige Speckscheiben ausbraten.
4. Teig in die Pfanne geben und große Kuchen ausbacken.

Frisch gebacken schmecken sie am besten! Manche genießen sie mit Rübenkraut oder Marmelade bestrichen, mit Hering oder Leberwurst.

Westfalen

Der westfälische Hefe-Pickert

Neben dem »Lipper Pickert« gibt es auch den »Westfälischen Pickert«. Feinheiten von Zutaten und Herstellung haben in der Abgrenzung schon fast ideologischen Charakter. Liebe Köche, probieren Sie es aus und fällen Ihr Urteil:

Man nehme

- 5 dicke Kartoffeln (von Hand gerieben, wegen der Reibsel-Konsistenz)
- 1 Pf Mehl
- lauwarme Kuhmilch
- Hefe (Pickert und Hefe, die gehören stets zusammen!)
- 5 Hühnereier
- ein wenig Salz

Es gibt auch Frauen, die geben noch Rosinen dazu. Aber es gibt auch Leute, die etwas wählerisch sind und von Rosinen nichts halten. Der Pickert wird dann oft zu süß.

Zubereitung

1. Alle Zutaten stark durchrühren, wodurch sich erst der richtige Pickertteig ergibt.
2. Diesen Teig muss man eine ganze Stunde lang im Backofen bei 50° C »aufgehen« lassen. Viel Geduld ist dabei auch stets nötig.
3. Der Teig kommt mit Öl in die Bratpfanne und ergibt dann den kleinen oder auch größeren, dick-runden Pfannenpicker, »wovon der Mensch besonders schwärmt, wenn er wieder aufgewärmt.«
4. Wenn der Pickertteig nicht in die Bratpfanne kommt, sondern in den Bratkasten, dann wird er zum Kastenpickert und muss auch erst in den Backofen. Der ist danach auch zum Tiefkühlen bzw. zur Bevorratung geeignet. Dieser Kastenpickert sieht fertig und kalt wie ein Kastenbrot zum Anschneiden aus. Er muss bei Bedarf in der Pfanne scheibchenweise wieder warm gemacht werden.
5. Zum Kasten- oder auch Pfannenpickert passt Rübenkraut, Marmelade oder Butter. Manche Kerle geben noch Leberwurst dazu.

Alte Menschen haben oft gesagt, die Frauen können erst ab sechzig ordentlichen Pickert backen. Dat stimmt aber nich!

Es gibt auch noch den Lappenpickert, der jedoch mit Hefe nichts zu tun hat. Er trägt also seinen Namen unberechtigt. Es weiß heute niemand mehr, was es mit diesem Teig auf sich hat. Er stammt aus der Zeit, als auch im Ravensbergischen die Handwebereien und Handspinnereien zugrunde gingen und die Menschen nichts zu essen hatten. In dieser Notzeit mussten sich die armen Leute damit behelfen, den Teig statt mit Milch und Eiern nun mit Wasser, Mehl und Salz zu fertigen. Öl gab es auch nicht und die Pfanne haben sie mit einer Speckschwarte eingerieben. Heute setzt sich der Lappenpickert wieder besser zusammen. Er bleibt aber ein »Arme-Leute-Essen«.

Pickerts dürfen auch nicht mit Pfannkuchen verwechselt werden – das ist etwas ganz anderes.

De westfälsken Hefe-Pickert

Zutaten

- fä`lwe van de dicksten Kartuffeln (De möet we'i over van Hand re'iben, wejen de Reibsel-Konsistenz)
- n Pund Mial
- lauwarme Kauhmelke
- de Hefen (Pickert un˝ Hefen, de heiert jümmer teouhaupe!)
- Fä'if Heuhnereier
- 'n bä'iden Solt
- Et chifft auk Frossminsken, de deaud noch Rossinen doteou. Over et chifft auk Lo´ie, de´n bäden sünnack sind, un'van Rossinen nix hault. De Pickert wärd dann faken teou so'ide.

Zubereitung

1. Hadder döer rö'ihert chifft datt ärs richtigen Pickertde'ig. Düssen De'ig, de sall ‚ne chanze Stunne lang innen Backuarben bei fiffdich Chrad»upchoan«. Väl Cheduld is dobe'i auk jümmer neidich.
2. De De'ig kömmt mäd Oil inne Broatpannen un gifft dann den lütken odder auk chröd-deren dick-runnen Pannenpickert, »wovan de Minske besonners schwärmt, wenn he'i we'ier upchewärmt«.
3. Wenn de Pickertde'ig nich inne Broatpannnen kömmt, sonnern innen Broatkasten, wärd he'i toun Kastenpickert un´ mott auk ärs in´n Ba-ckuarben.De is danoh auk teoun De'ipekühlen un auk Trüggelegen ferch. De Kastenpickert soe'it ferch un´ kauft eout, ossen Kastenbreout teoun Anschne'in. He'i mott dann over donoh inne Pannen sche'ibkenwe'ise noch we'ier warmmaket wärn.
4. Teoun Kasten- odder auk Pannenpickern passt Rübenkraut, Marmeladen odder Bod dern, un' manche Kerls,de deoud auk be'in larden noch Lebberwost doteou.

Aule Minsken häd faken sächt, de Wä'iwer könnt ärs aff Sässdich onnigen Pickert backen. Datt stimmt over nich.

Et chifft auk noch Lappenpickert, de over mäd Hefen nix teoudoan häd. He ‚häd also se´inen Namen teou unrecht. Et we'it van Dage over ke'iner mehr, watt et mäd düssen De'ig up sick häd. He'i stammt eout de Te'it, wo auk innen Ravensbergisken de Handweber- un´ Handspinnere´ije teouchrunne ching, un de Minsken nix teou iarden hadden. In düsse Not-Te'it mossen sick de armen Lo'ie domädde helben, den De'ig statt mäd Mialke un Eier, nu mäd Wader, Mial un Solt teou maken. Oil chaff´t auk nich, un ‚de Pannen häd se'i mäd-de Speckschwachten inrierben. Van Dage over säd sick de Lappenpickert we'ier bädder teou-sammen. He'i blfft over ‚n »Armelo'i – Irden«. Watt nu de Pannekauken is, de häd auk mit ou-sen Hefe-Pickerts afsolut nix teoudaun.He'ikann eout Mial un so we'ider bestoan mäd viel Eiern (Eierpannekauken) odder auk u. a. eout Re'ibsel van Kartuffeln.(Re'ibepannekauken).

Hamburg

Pannfisch mit Senfsoße und Wirsing

Man nehme

Pannfisch
- 1 kg vorwiegend festkochende Kartoffeln (zum Beispiel der Sorte »Agria«)
- 600 g Steinbuttfilet
- 2 mittelgroße Zwiebeln
- 3 EL mittelscharfen Senf
- Salz und Pfeffer

Senfsoße
- 60 ml Noilly Prat
- 30 ml Riesling
- 250 ml Fischfond
- 200 ml Sahne
- 2 EL Pommery Senf
- Salz
- Cayennepfeffer
- etwas Butter
- 2 EL geschlagene Sahne

Wirsing
- 400 g Wirsing
- 1 EL Butter
- 1 EL durchwachsener Speck in Würfeln
- 1 EL gewürfelte Schalotte
- 200 ml Sahne
- Salz und Pfeffer aus der Mühle
- zum Garnieren: Schnittlauch und Kerbel

Den Pannfisch auf vorgewärmte Teller legen. Eine Wirsingnocke dazugeben und mit der Senfsoße umgießen. Mit Kerbel und Schnittlauch garnieren.

Zubereitung

Pannfisch

1. Kartoffeln schälen, in ca. 2 mm dünne Scheiben schneiden und mit einem ovalen Ausstecher ausstechen. Kartoffeln kurz wässern. Dann abtropfen lassen, in Butterfett goldgelb anbraten und würzen.
2. Fisch portionieren und mit dem Ausstecher in die gleiche Form bringen wie die Kartoffeln.
3. Zwiebeln pellen, in sehr feine Würfel schneiden, glasig anschwitzen und mit dem Senf leicht binden. Mit Salz und Pfeffer abschmecken. Abwechselnd die gebratenen Kartoffelscheiben, gewürzte Fischscheiben und Senf-Zwiebeln schichten. Das Ganze zweimal wiederholen und mit Kartoffelscheiben abschließen.
4. Im Backofen bei 135° C (Umluft) ca. 8–12 Minuten fertig garen.

Senfsoße

Den Noilly Prat mit dem Riesling reduzieren. Fischfond und die flüssige Sahne dazugeben und 5 Minuten köcheln lassen. Mit Senf, Salz und Pfeffer abschmecken. Kurz vor dem Servieren mit kalten Butterstücken und geschlagener Sahne verfeinern.

Wirsing

Vom Wirsing den Strunk entfernen. Die Blätter erst in feine Streifen schneiden, dann in Würfel. Die Speck- und die Schalottenwürfel in etwas Butter anschwitzen. Den Wirsing hinzufügen und mit der Sahne auffüllen. Mit Salz und Pfeffer gut abschmecken. Das Ganze so lange köcheln lassen, bis der Wirsing gar ist.

Hamborger Pannfisch met Mostertstipp un Krusen Kohl

Todaten

Pannfisch

- 1 kilo drallkaaken Kantüffel (kannst woll de Sort »Agria« nämen!)
- 600 g Steenbuttfilett
- 2 Zibbeln, middelgrot
- 3 EL Mostart, middelscharp
- Solt
- Pepper

Mostertstipp

- 60 ml Noilly Prat (dat is Wörm ut Frankriek)
- 30 ml Riesling
- 250 ml Fond von'n Fisch
- 200 ml Rohm
- 2 EL Pommery Mostart
- Solt
- Cayennepepper
- beten Botter
- 2 EL deffen Rohm

Krusen Kohl

- 400 g Krusen Kohl
- 1 EL Botter
- 1 EL dorchwossen Speck
- 1 EL fine hackt Schalotte
- 200 ml Rohm
- Solt
- Pepper ut de Möhl

As dat maakt ward

Pannfisch

1. Kantüffel schelen, in ca. 2 mm fiene Schieben snieden un met eenen ovalen Utstekker utstekken. Kantüffeln kott begeten. Achteran afdroppen laten, in Bottersmer goldgeel braden un met Krüder bestrein.
2. Dan'n Fisch in Protschoonen delen un met dan'n Utstekker in de glieke Form as de Kantüffel bringen. Zibbeln pellen, in lüttje Wörpel snieden, glosig answeten un da'n Mostard licht binnen. Pepper un Solt na Smack. Een uem ´t anner de fartig brad Kantüffelschieben, de Fischschieben met Krüder un de Mostardzibbeln öbereen anner leggen. Zweemol wellerhalen un met Kantüffelschieben afsluten.
3. In'n Heetluftaben be 135° C ca. 8–10 Minuten fardig goorn.

Mostertstipp

Dan'n Wörm met mit dan'n Riesling verminnern. Dan'n Fond von'n Fisch un de fletig Rohm övertau gäben un 5 Minuten prütteln laten. Met Mostard, Solt und Pepper afsmecken.Kott vor dat Servieren met koole Butterstücken un Slagrohm finröhren.

Krusen Kohl

1. Von'n Krusen Kohl dan'n Strunk socken. De Blööd in fine Striepen snieden, achteran wörpeln. De Speck- und Schalottenwörpel mit een lüttje Portschoon Botter answeten. Dan'n Krusen Kohl todoonun met Rohm upfüllen. Solt und Pepper na Smack. So langen prütteln laten, bet de Kruse Kohl gor is.
2. Dan'n Pannfisch op dan'n vörwarmd Töller leggen. Een Krusen Kohl Blad blangenbi un met beten Mostragstippe ümgeten.
3. Dormit dat noch beter utsüht met Beischlug un Kalverkropp garneren.

Winsen/Luhe in Niedersachsen

Pellkartoffeln mit Speckstippe

Man nehme

- ca. 1 kg festkochende Kartoffeln (zum Beispiel der Sorte »Cilena«)
- 60 g durchwachsenen Speck
- 1 große Zwiebel
- 40 g Mehl
- Salz
- weißen Pfeffer
- 1 Prise Zucker
- evtl. etwas Essig (nach Geschmack)
- 250 ml Milch
- 250 ml Wasser

Zubereitung

1. Kartoffeln waschen und mit der Schale in einem geschlossenen Topf mit wenig Wasser und etwas Salz garkochen.
2. Zwiebel pellen. Speck und Zwiebel relativ fein würfeln. Speck in der Pfanne ausbraten lassen. Zwiebelwürfel dazugeben. Wenn diese sich braun verfärbt haben, erst das Mehl darüberstäuben und dann die Milch dazugießen. Zum Kochen bringen. Mit Salz und Pfeffer abschmecken.
3. Kartoffeln pellen und mit der Speckstippe servieren.

Puukantüffeln met Speckstippe

Todaten

- 1 kilo fest kaaken Kantüffel (best is, wenn de Sort »Cilena« nommen ward)
- 60 g dörchwassen Speck
- 1 grote Zibbel
- 40 g Mehl
- Solt
- witten Pepper
- 1 Pries Sucker
- lüttje Portschoon Etig (na Smack)
- 250 ml Melk
- 250 ml Water

As dat maakt ward

1. Kantüffel spoelen un met de Schalen met beten Water und wat Solt in'n toen Pott gor kaaken.
2. De Zibbel pellen. Speck un Zibbel fine wörpeln. Speck in de Pann ollig utbraden. Zibbelwörpel överto gäben. Wenn düsse sick bruun farvt hebbt, eerst dat Mehl doröber püüstern un dann de Melk doröber geten. Ollig upkaaken. Met Solt un witten Pepper afsmecken.
3. De Kantüffel pellen un met de Speckstippe op dan'n Disch bringen.

Der Klassiker aus den 1930er-Jahren: Oberschlesischer Kartoffelsalat nach Omi Helene

Man nehme

- 1 kg Salatkartoffeln (zum Beispiel der Sorte »Belana«)
- 3 Salzgurken
- 2 ausgenommene Salzheringe
- 2–3 Zwiebeln
- 100 g gewürfelten, durchwachsenen Speck
- 1 säuerlichen Apfel
- 4 EL weißen Weinessig
- 6–8 EL Sonnenblumenöl
- Butter
- Salz und Pfeffer

Zubereitung

1. Heringe über Nacht in kaltem Wasser zum Entziehen des überschüssigen Salzes wässern.
2. Die Kartoffeln kochen, ausdampfen lassen, schälen und in kleine Würfel schneiden.
3. Die Heringe filetieren (Köpfe, Flossen, Schwanz und Gräten entfernen), abspülen und trockentupfen. Die Filets in 3 cm lange Streifen schneiden.
4. Den Apfel schälen und entkernen und zusammen mit den Salzgurken ungefähr gleichgroß würfeln.
5. Die Zwiebel kleinschneiden und mit den anderen Zutaten in einer großen Schüssel vermischen.
6. Aus Essig und Öl eine Vinaigrette herstellen, über den Salat geben und nach Geschmack mit Salz und Pfeffer abschmecken. Ca. 10 Stunden ziehen lassen.

Vor dem Servieren den kleingewürfelten Speck in einer Pfanne mit ein wenig Butter anrösten und heiß über den Salat geben.

Köln

Himmel und Erde

Himmel und Erde ist ein traditionelles Gericht, das in vielen Regionen Deutschlands verbreitet ist. Hier wird jedoch auf die kölsche Variante zurückgegriffen. Es ist ein Gericht aus Kartoffel- und Apfelbrei, das man in jeder kölschen Kneipe bestellen kann. Den Namen hat es durch die Herkunft seiner Zutaten bekommen: Äfpel hängen am »Himmel«, Kartoffeln wachsen in der Erde. Das Besondere an dieser Variante ist die »Höll«, die gebratene Blutwurst.

Man nehme

- 1 kg mehlige Kartoffeln (zum Beispiel der Sorte »Aula«)
- 5–6 saure Äpfel
- 2 dicke Zwiebeln
- 1 EL Zucker
- Butter
- 500 g einfache Blutwurst mit Speckstücken
- 1 geriebene Muskatnuss
- 2 EL Mehl
- Salz und Pfeffer
- 50 ml Öl

Zubereitung

1. Kartoffeln schälen, würfeln und ca. 20 Minuten in gesalzenem Wasser weichkochen. Die Äpfel schälen, entkernen und ebenfalls in kleine Würfel schneiden, aufkochen und die Apfelstückchen darin zu Mus kochen.
2. Die Zwiebeln schälen, halbieren und die Hälften in feine Ringe schneiden. Die Butter in einer Pfanne erhitzen. Die Zwiebeln in die heiße Butter geben und einige Minuten goldbraun braten.
3. Kartoffeln abgießen, etwas ausdämpfen lassen und mit Milch und Butter zu Püree durchstampfen. Mit Salz, Pfeffer und Muskatnuss abschmecken. Apfelmus unterheben und warmstellen.
4. Öl in einer Pfanne erhitzen. Die Blutwurst in vier gleich große Stücke teilen und halbieren. Leicht in Mehl wenden und im heißen Öl knusprig braten. Durch das Mehl bleibt die Blutwurst in der Pfanne in Form und verläuft nicht zu Brei.
5. Himmel und Erde auf einen Teller geben, die gebratene Blutwurst dazugeben und mit den Zwiebelringen dekorieren.

Variante: Wer keinen Kartoffelbrei mag, kann Kartoffel- und Apfelstücke kürzer kochen, so dass sie nicht auseinanderfallen, oder Kartoffel- und Apfelspalten in einer Pfanne in Butter bei mittlerer Hitze kurz anbraten. Statt Blutwurst kann man auch Bratwurst nehmen.

Himmel un Äd

Himmel un Äd iss en ur aal kölsche Jerisht us Ädäppel- unn Apfelbreij dat ma in jede kölsche Kneipe krijje kann. Dä Nom kütt wejl de Appel im Himmel hang unn dä Äädäppel in dä Ääd. De Clou is de »Höll«, jebrodene Flönz (Bloodwoosch).

Man nehme

- 1 kg Ädäppel, die mählich kochen
- 5–6 soore Äppel
- 2 decke Öllich
- 1 EL Zucker
- jet Botter
- 200 ccm Milch
- 1 Pund jewöhnlije Flöns
- jerievene Beschot
- 2 EL Mähl
- Salz un Pfeffer
- 50 ml Öl

Zubereitung

1. Ädäppel pelle, in Würfele schnigge un 20 Minute en Salzwasser klätschig koche. Dann de Äppel schelle, dä Kitsch erus nähme, veedele un met Zucker ze Mus koche.
2. Dä Öllich schelle, in feine Ringe schnigge un en de Pann en Botter jold brau brode.
3. De Ädäppel afjeeße, jet usdämpe losse un met Milch un Botter zo Pürree stampe, met Salz, Peffer un Beschot afschmecke.
4. Dann dä Appelkompott dodrunger menge.
5. De Blootwoosch en veer direktemang jroße Stöcker deile un halbiere, leech en Mähl drihe un em heische Öl knusprisch brode. Dürch dat Mähl bliev de Blootwoosch en d'r Pan en Fazung un verlöft nit zo Brei.
6. Himmel und Ääd op ne Teller jevve, de Bloodwoosch dazu don un met de Öllischringe dekorieren.

Schleswig-Holstein

Kartoffelsuppe mit Büsumer Krabben, gerösteten Croûtons und Schnittlauch

Man nehme

- 5 Schalotten
- 600 g mehlige Kartoffeln (zum Beispiel der Sorte »Gala«)
- 150 g Knollensellerie
- 1 Stange Lauch (= Porree)
- 60 g Butter
- 1 l klare Hühnerbrühe
- 1 Lorbeerblatt
- Salz, Pfeffer
- geriebene Muskatnuss
- frischen Majoran
- 250 ml flüssige Sahne
- 2 EL Schnittlauchröllchen
- 4 EL geröstete Croûtons
- 120 g Büsumer Krabben

Zubereitung

1. Schalotten pellen und würfeln. Kartoffeln und Sellerieknolle schälen, waschen und ebenfalls würfeln. Lauch putzen, abbrausen und nur den weißen Teil in kleine Ringe schneiden. Majoran waschen, abtropfen lassen und hacken.
2. Schalotten in 20 Gramm heißer Butter andünsten. Kartoffel-, Sellerie- und Lauchwürfel sowie das Lorbeerblatt dazugeben. Mit der Brühe auffüllen. So lange kochen, bis die Kartoffeln weich sind. Salz, Pfeffer, Muskatnuss und Majoran erst dazugeben, wenn die Kartoffeln gar sind. Das Lorbeerblatt herausnehmen. Die Sahne hinzufügen und unter Rühren erhitzen, aber nicht mehr kochen lassen!
3. Topf vom Herd nehmen. Suppe mit einem Mixstab pürieren und anschließend durch ein feines Sieb passieren.
4. Kurz vor dem Servieren die restliche Butter mit dem Mixstab unterrühren und noch ein letztes Mal abschmecken.
5. Die Suppe in vorgewärmte Teller füllen und mit Krabben, Schnittlauchröllchen und Croûtons verfeinern.

Kantüffelsupp met Büsumer Granat, röstet Croûtons un Snittlook

Todaten

- 5 Schlotten
- 600 g mehlige Kantüffel (best is de Sort »Gala«)
- 150 g Knollensellerie
- 1 Stangen Prei
- 60 g Botter
- frischen Majoran
- 250 ml flüssig Rohm
- 2 EL Snittlook fine hackt
- 4 EL rostet Croûtons
- 120 g Büsumer Granat
- 1 Liter Höhnerbröh
- 1 Lorbeerblad
- Solt
- Pepper
- fine reeben Muskatnoet

As dat maakt ward

1. Schlotten pellen un wörpeln. Kantüffel un Sellerie schellen, waschen un wörpeln. Prei putzen, afbrusen un dan witten Deel in lüttje Ringe snieden.
2. Majoran waschen, afdröppeln laten un hacken.
3. Schlotten in 20 g hete Botter smelten. Kantüffel, Sellerie un Lauchwörpel un dat Lorbeerblad dorbi leggen. Met de Bröh upfüllen. So lang kacken, bet de Kantüffel week sünd. Solt, Pepper, Muskatnoet und Majoran dorbi, wenn de Kantüffel gor sünd. Dat Lorbeerblad kummt nu rut. Dan Rohm hintau doon un ünner Röhren heet warn laten, aber nich mehr kaacken laten.
4. Pott von'n Heerd nähmen. De Supp met een Tweihacker puuriern un dörch een fine Seef bemöthen.
5. Kott vör dat Updragen de restliche Botter met een Tweihacker ünnerröhren un dat letzte Mol afsmecken.
6. De Supp in vörwarmd Töllers fahlen un met Granat, Snittlook un Croûtons bestreien.

Mecklenburg-Vorpommern

Gebratenes Zanderfilet in der Kartoffelkruste auf Rahm-Senfwirsing und Petersilienkartoffeln

Man nehme

- 4 Zanderfilets
- 2 Zitronen
- 40 ml Weißwein
- Pfeffer, Salz, Mehl zum Anstäuben
- 200 g Bratfett
- 4 große, festkochende Kartoffeln (zum Beispiel der Sorte »Hansa«)
- 2 Eier

Für das Gemüse

- 1 kleinen Wirsingkohl
- 1–2 Karotten
- Butter
- 60 g magere Schinkenwürfel
- 2 mittelgroße Zwiebeln
- Küchenkräuter
- Mehl zum Anstäuben
- 100 ml ungeschlagene Sahne
- Petersilie
- Senf

Zubereitung

1. Zanderfilets mit Zitrone und Weißwein marinieren und 1 Stunde kalt stellen.
2. Schinkenwürfel und Zwiebeln glasig anschwitzen, geschnittene Wirsingstreifen zugeben. Mit Mehl anstäuben und mit etwas Sahne auffüllen, dann Karottenstreifen und kurz vor dem Servieren die Kräuter hinzufügen.
3. Abschmecken mit Salz, Zucker, Muskat, Kümmel und Senf.
4. Die Zanderfilets werden jetzt leicht gesalzen und gepfeffert in Mehl gewendet, durch geschlagenes Ei gezogen, dann in den Kartoffelstreifen gewälzt und in heißem Butterfett goldgelb gebraten.
5. Dazu reichen wir mehlig kochende Petersilienkartoffeln.

Braden Zanderfilet met Kantüffelrinn op Rohm-Mostard Krusen Kohl un Petersillkanttüffel

Todaten

- 4 Zanderfilets
- 2 Sitroon
- 4 cl Wittwine
- Peper, Sol tun Mehl toon Pustern
- 200 g Smeer toon Braden
- 4 grote Kantüffel, fast kaackend (best is de Sort »Hansa«)
- 4 Eier

För de Gröönsacken

- 1 lüttje Krusen Kohl
- 1-2 Woeddeln
- Botter
- 60 g hollliewig »Swiensmoorswörpels«
- 2 middelgrote Zibbeln
- Kökenkruder
- Mehl toon Püstern
- 100 gml nich deffen Rohm
- Petersill
- Mostard

As dat maakt ward

1. Dat Zanderfilet mit Sitroon un Wittwine marenieren un een Stünn cold stellen.
2. »Swienmoorswörpel« und Zibbeln glosig answeten, sneden Streipen von dan'n Krusen Kohl dorbi doon. Met mehl püstern un met een lüttje Portschoon Rohm upfahlen, achterrop de Woeddelstriepen un kott vör'n Servieren de Kruder dortau.
3. Afsmecken met Solt, Pepper, Muskat, Kööm und Mostard.
4. De Zanderfilets licht solten un pepert in Mehl dreihen un dörch dat opslagen Ei trekken. Dann de Kantüffelstriepen dorin dreihen un in heet Bottersmeer goldgeel braden.
5. Dortau givt dat dann mehlig kaakend Petersillkantüffel.

Desserts

Niedersachsen

Altländer Kartoffel-Apfeltorte

Der Geheimtipp aus dem Alten Land, dem »Obstgarten« Hamburgs.

Man nehme

- 500 g mehlig kochende Kartoffeln (zum Beispiel der Sorte »Likaria«)
- 1 Prise Salz & 1 Prise Pfeffer
- 200 g Zwiebeln
- 1 EL Öl
- 2 Äpfel
- 100 g Greyerzerkäse
- 200 g saure Sahne
- 3 Eier
- 50 ml Milch
- 1 TL Thymian
- 230 g Mürbeteig oder neumodisch Pizzateig (auch aus dem Kühlregal)

Zubereitung

1. Die Kartoffeln in Salzwasser garen, kalt abschrecken, pellen und in Scheiben schneiden. Zwiebeln abziehen und in Streifen schneiden. Das Öl erhitzen. Die Zwiebeln darin glasig schwitzen. Den Apfel vierteln, entkernen und in Spalten schneiden. Den Käse reiben.
2. Sahne, Eier, Milch und Thymian gut verrühren. Salzen und pfeffern. Eine Springform (26 cm ø) mit dem Teig auslegen. Mit den Kartoffelscheiben belegen. Darauf die Zwiebeln und darüber die Apfelspalten schichten. Mit der Eiermilch begießen, mit Käse bestreuen. Im vorgeheizten Ofen auf der unteren Schiene ca. 45 Minuten backen (E-Herd: 200° C, Gas: Stufe 3, Umluft: 170° C).

Ollander Kantüffel-Appel-Tortj

Ut dan'n Appelhoff von Hamborg.

Todaten

- 1/2 kilo Kantüffel
- 1 Pries Solt un 1 Pries Pepper
- 200 g Zibbeln
- 1 ÄL Spiesöl
- 2 Appels
- 200 g Rohm, suur
- 100 g Greyerzerkees
- 3 Eier
- 50 ml Melk
- 1 TL Tymian
- 230 g Mürbedeeg or nee modsch Pizzadeeg (gard ok direkt von dat Köhlregal von'n Koopmann)

Zubereitung

1. De Kantüffeln in Soltwater goorn, koolt afschrecken, palen un in Schieben snieden. Zibbeln abtrecken un in Striepen snieden. Dat Öl op dat Füür heet macken. De Zibbeln glasig schweten. De Appels in Veertel delen, Kerngehüüs rutsnieden un de Veertel in Spleten snieden. Dan'n Kees rieben.
2. Rohm, Eier, Melk un Tymian good dorchrögen, sollten un peppern. In een Springform dan'n Deeg utleggen. Met Kantüffelschieben beleggen, de Zibbeln un de Appelschieben öber eenanner leggen. Mit de Eiermelk gegeeten, dan'n Kees doröber streien. In'n vörfüürnd Aben up de ünnerste Scheen schuben un 45 Min. backen.

Österreich

Süßkartoffelklöße mit Vanillesoße

Man nehme

- 750 g mehlig kochende Kartoffeln (zum Beispiel der Sorte »Ackersegen«)
- Salz
- 225 g Mehl
- 4 Eier (Kl. M)
- 400 g Süßkartoffeln
- 1 El Öl
- 20 g flüssigen, honigweißen Pfeffer
- Mehl zum Bearbeiten

Zubereitung

1. Die Kartoffeln am Tag vorher waschen, in Salzwasser kochen, warm pellen und zugedeckt in den Kühlschrank stellen. Am nächsten Tag auf der groben Seite einer Haushaltsreibe reiben. Mit dem Mehl, den Eiern und etwas Salz zu einem glatten Teig verarbeiten und mit einem Tuch zudecken.
2. Die Süßkartoffeln schälen und in Würfel von 5 mm schneiden. Das Öl in einer Pfanne erhitzen und die Würfel darin bei mittlerer Hitze 7–8 Minuten goldbraun braten. Den Honig unterschwenken. Die Süßkartoffeln salzen, pfeffern und auf einem Teller abkühlen lassen.
3. Den Kartoffelteig in 12 gleichgroße Stücke teilen. Jedes Stück auf der mit Mehl bestäubten Handfläche flachdrücken, mit einem EL Süßkartoffeln füllen und sorgfältig verschließen. Auf diese Weise 12 Klöße formen.
4. In einem möglichst großen, breiten Topf sehr viel Salzwasser zum Kochen bringen. Die Klöße rasch hineingeben und die Hitze herunterschalten. Die Klöße 20 Minuten unter dem Siedepunkt ziehen (nicht kochen!) lassen.
5. Die Klöße mit dem Schaumlöffel vorsichtig aus dem Wasser nehmen, gut abtropfen lassen.

Batata mit Fanilesos

Zuatodn

- 75 Deka mölige Erdepfe
- Soez
- 22,5 Deka Mö
- 4 Eia (Kl.M.)
- 40 Deka Batata
- 1 Eslefl Öe
- 2 Deka bozweichn Honek
- weissa Pfefa
- Mö zum beorbeitn

Zuabereidung

1. Erdepfe am eandan Tog woschn, in Soezwossa kochn, worm schöen un zuadekt en Fridschidea tuan. Om nextn Tog auf an Reibeisn grob reibn. Mitm Möl Eia un Soez zu an glotn Taig vaorbeitn un mid an Hangal zuadekn.
2. De Batata schöen un en Wirfal (0,5 cm) schneidn. Des Öe en an Pfandl haas wern losn un de Wirfal drin ba mitlara Hizn 7-8 Minutn goidbron brodn. Den Honek drunta schwenka. De Batata soezn, pfefan un auf an Töla obküen losn.
3. Den Erdepfltaig en 12 glei grosse Stükaln teuln. A jedes Stückal auf da bemöetn Hondflechn floch drukn un med ed an Eslefe Batata füen un inan Taig guad oawickln. Des gibt 12 Knedl.
4. En an meglichst gros un bradn Hefn ser vü Soezwossa sirn lossn. De Knedl tschenifa eine tuan un de Hiz reduzirn. De Knedl 20 Minutn ziagn losn (ned kochn!).
5. De Knedl med an Schaomlefl pomali ausm Wossa nema, guad obtrpfn lossn.

Tschechien

Kartoffelschmarren aus Podkrkonoši

Man nehme

- 50 g Puderzucker
- etwas Salz
- 2 Eier
- 400 ml Milch
- 250 g festkochende, geriebene Kartoffeln (zum Beispiel der Sorte »Cilena«)
- 260 g Mehl
- etwas Margarine
- Puderzucker zum Bestäuben

Zubereitung

1. Puderzucker, 1 Prise Salz und Eier in die Milch geben und alles gut verquirlen. Dann die geriebenen Kartoffeln und das Mehl dazugeben.
2. Ein Blech mit Margarine einfetten und den Teig daraufgeben. Gleichmäßig verteilen und in den auf 170° C Umluft vorgeheizten Ofen schieben. Nach 10–15 Minuten den noch nicht ganz fertig gebackenen Schmarren aus dem Ofen nehmen. Mit einer Gabel in Stücke reißen und im Ofen fertig backen (beobachten und immer mal prüfen). Noch heiß mit Puderzucker bestäuben.

Bramborový trhanec z Podkrkonoší

Man nehme

- 50 g moučkového cukru, trochu soli,
- 2 vejce,
- 400 ml mléka,
- 250 g nastrouhaných brambor, které se nerozváří – salátové (například »Cilena«)
- 260 g hladké mouky,
- oříšek margarínu
- Moučkový cukr na pocukrování. Podle chuti švestky.

Zubereitung

1. Moučkový cukr, špetku soli a vejce rozkvedláme v mléce, přidáme nastrouhané brambory a mouku.
2. Plech vymažeme margarínem, těsto na něj nalejeme. Pečeme v horkozdušné troubě, která je zahřátá na 170°. Po 10–15 minutách vyndáme z trouby, nedopečené těsto roztrháme vidličkou, podle chuti mužeme přidat rozpůlené švestky a dopečeme. (stále pozorovat, aby se trhanec nepřipálil). Horký pocukrujeme moučkovým cukrem.

Polen

Zimtknödel

Man nehme

- 1 kg gekochte Kartoffeln (mehlig kochende Kartoffeln, zum Beispiel der Sorte »Gala«)
- 1/2 EL Butter
- 400 g Weizenmehl
- 3 Eier
- 1 Glas Sahne
- Salz
- 1 EL Zucker
- 1 TL Zimt gemahlen

Zubereitung

1. Die gekochten Kartoffeln werden durch eine Kartoffelpresse gepresst, Sahne, Eier, zerlassene Butter, Zucker und Zimt hinzugegeben. Die Masse wird mit Salz abgeschmeckt. Alle Zutaten werden sorgfältig zu einem einheitlichen Teig geknetet. Aus dem Teig werden kleine Knödel geformt und anschließend in kochendes Salzwasser gelegt.
2. Serviert werden sie mit leicht gebräunter Butter mit Semmelbröseln.

Cynymonowe knedle

Man nehme

- 1 kg ugotowanych ziemniaków
- 2 łyżki masła
- 400 g mąki
- 3 jajka
- 1 szklanki śmietany
- Sól, łyżka cukru
- łyżeczka mielonego cynamonu

Zubereitung

1. Ugotowane ziemniaki przeciskamy przez praskę, dodajemy śmietanę, jajka, stopione masło, cukier, cynamon i wyrabiamy ciasto. Formujemy niewielkie knedle, gutujemy je w osolonej wodzie.
2. Podajemy polane stopionym masłem ze zrumienioną tartą bułką.

Spanien

Süßer Kartoffelkuchen mit Rotweingelee

Man nehme

- 500 g rote Kartoffeln (vorwiegend mehlig kochende Kartoffeln, zum Beispiel der Sorte »Highland Burgundy Red« [»Roter Kardinal«] oder, wenn es auch eine gelbfleischige Sorte sein darf: »Ackersegen«)
- 300 g Zucker
- 3 Eier (3 Eigelbe, 3 Eiweiße)
- Abrieb von 1 Bio-Zitrone
- 1 Päckchen Backpulver

Weingelee

- 750 ml »Apfelwasser« (Zubereitung des »agua de manzana«: 3 von den Apfelkernen befreite, in Stücke zerteilte Äpfel mit einer in Stücke zerteilten Bio-Zitrone samt Schale 30 Minuten mit Wasser kochen. Danach abkühlen lassen und durch ein feines Sieb filtern. Es sollte etwa 750 ml Apfelwasser dabei herauskommen. Zur Not tut es auch ein guter Apfelsaft.)
- 750 ml Wein (Rot- oder Weißwein)
- 750 ml Zucker
- Saft einer Zitrone

Zubereitung

1. Die Kartoffeln schälen, in große Stücke schneiden und in Wasser garen. Wenn sie sich gerade mit dem Messer anstechen lassen, abgießen und die Kartoffeln durch die Flotte Lotte (Passiermühle) drehen. Die pürierte Kartoffelmasse beiseite stellen.
2. Die Eier trennen. Die 3 Eigelbe zusammen mit 300 g Zucker und dem Zitronenabrieb verquirlen. Wenn alles eine einheitliche Masse bildet, mit den pürierten Kartoffeln mischen.
3. Die 3 Eiweiße zu Eischnee schlagen und vorsichtig unter die Teigmasse heben. Zum Schluss das Backpulver hinzufügen und vorsichtig miteinander vermischen.
4. Die Masse gleichmäßig auf einer mit Backpapier ausgelegten Auflaufform verteilen und im vorgeheizten Backofen bei 180° C auf mittlerer Schiene 30 Minuten backen.

Weingelee

1. Alle Zutaten in einen Topf geben und zum Kochen bringen. Dabei umrühren und sicherstellen, dass sich der Zucker auflöst.
2. Auf großer Flamme einkochen, bis die Temperatur von 105° C und damit der Gelierpunkt erreicht wird. (Ein Zuckerthermometer hilft.)
3. Falls kein Thermometer vorhanden ist, einen Tropfen auf einen Teller geben. Falls der Tropfen abperlt, ist der Gelierpunkt noch nicht erreicht.

Quelle: Angeles Pons, La cuina dels angels

Puding dulce de patata con jalea de vino tinto

Ingredientes

- 500 gr patata roja pelada (no puede ser patata blanca)
- 300 gr de azucar
- 3 huevos
- 1 limon rayado y 1 sobre levadura royal

Jaleo de Vino

- 750 cc de agua de manzana (Herviremos 3 manzanas con piel y corazón cortadas a trozos un limón también con piel y cortado a trozos.) (Cocer durante media hora, dejar enfriar, colar.)
- 750 cc de vino (blanco o tinto)
- 750 gr de azúcar
- El zumo de un limón

Preparación

1. Cortar las patatas en trozos no demasiados pequeños y ponerlos a cocer en agua; justo se puedan pinchar sacarlos del fuego. Pasar la patata por el pasapure y reservar.
2. Por otro lado y en un bol mezclar el azucar, las yemas de huevo y el limon, cuando esto todo ligado mezclar con la patata. Batir las claras a punto de nieve y mezclar y por ultimo el royal. Remover sin dar golpes, introducir en horno previamente calentado a 180° C durante unos 30 minutos.

Jaleo de Vino

1. Juntar todos los ingredientes en un cazo, poner a cocer moviéndolo para deshacer el azúcar.
2. Cocer a fuego fuerte hasta conseguir el punto. El punto de consigue cuando llega a 105°. Si no tenemos termómetro, tiramos una gota en un plato y comprobamos que no resbala.

Saarland

Kartoffelwaffel

Hauptsach' gudd gess; g'schafft han mer schnell

Essen – gutes Essen – ist für die Saarländer wichtig – überlebenswichtig. »Hauptsach' gudd gess; g'schafft han mer schnell« heißt eine zentrale Boschaft. Und dabei spielt die Kartoffel, die »Grombeer«, wie sie hier genannt wird, eine zentrale Rolle.

Überhaupt scheint es fraglich, ob jemals ein saarländisches Gericht ohne Grombeere, Dörrfleisch und Laach (Lauch) verzeichnet worden ist. Sie kommt daher als: Dibbelabbes, eine Art Riesenreibekuchen mit Dörrfleisch und Lauch, der still im Ofen gegart wird. Schahles, eine Art Riesenreibekuchen mit Dörrfleisch und Lauch, der unter ständigem Wenden in der Pfanne gegart wird. Gefillde, ein mit Dörrfleisch und Lauch gefüllter, kindskopfgroßer Kartoffelkloß. Hoorische. Ja. Haarige. Ein ungefüllter, aus roher Kartoffelmasse gesottener Kloß; das Dörrfleisch in einer Sahnesoße. Geheiradedde, verheiratet mit Nudelteig, in Sahnesoße mit Dörrfleisch gereicht. Und als Grombeerkerschde, Bratkartoffeln aus rohen Kartoffeln im Schweineschmalz gebraten. All diese Gerichte sind saarländisches Kulturgut. Man streitet leidenschaftlich über die Originalität der Rezepte in den Straßen, Küchen und Restaurants des Landes. Bei der »Grombeerwaffel« ist das anders: Sie bereitet und isst man nur in der direkten Umgebung des evangelischen Ostertals im saarländisch-pfälzischen Grenzgebiet. Nur durch Heirat hat sich das Rezept verbreitet und wurde von Generation zu Generation weitergereicht. Deshalb ist die Waffel auch evangelisch geblieben, wie die Bevölkerung des Ostertals.

In keinem Restaurant erhält man Sie, nur zu Hause in den Familien und nur ganz selten auf einem Dorffest. Traditionell wird sie als nahrhafter Begleiter zur Schnibbeljesbohnesobb, der regionalen Bohnen-Kartoffelsuppe mit Speck und Bohnenkraut, oder der Kartoffel-Gemüsesuppe »Queer-durch-de-Gaade« gereicht. So aß man sie in den Bauern- und Bergmannsküchen und so werden sie noch heute in den Dörfern rund um das Ostertal gegessen.

Man nehme

- 250 g Mehl
- 1 Päckchen Hefe
- 250 ml Milch
- 1 Zwiebel
- 1 kg Kartoffeln, vorwiegend festkochend (zum Beispiel der Sorte »Grata«)
- 1 kleine Stange Porree
- 3 Eier
- Salz, Pfeffer, geriebenen Muskat
- 150 g Dörrfleisch (geräucherter, durchwachsener Speck)

Zubereitung

1. Das Mehl in eine Schüssel geben, in der Mitte eine Mulde formen, die Hefe hineinbröseln und diese mit etwas erwärmter Milch verrühren, bis sich die Hefe aufgelöst hat. Die restliche Milch nach und nach zugeben und die Masse mit dem Mehl zu einem glatten Teig verrühren. Den Teig an einem warmen Ort eine halbe Stunde gehen lassen.

2. Lauch putzen und in feine Ringe schneiden. Kartoffeln schälen und fein oder mittelfein reiben. Die geriebenen Kartoffeln in einem mit einem sauberen Küchenhandtuch ausgeschlagenen Sieb abtropfen lassen. Dabei das Tropfwasser in einer großen Schüssel auffangen. Das Kartoffelwasser einige Zeit stehen lassen, damit sich die im Wasser enthaltene Kartoffelstärke absetzen kann. Dann das Wasser vorsichtig abschütten, die Stärke zurückbehalten und für den Teig verwenden. Den Hefeteig, die geriebenen Kartoffeln, Lauch und Eier hinzufügen und verrühren. Mit Salz, Pfeffer und geriebener Muskatnuss abschmecken. Den Teig eine halbe Stunde gehen lassen.
3. Speck in dünne Streifen schneiden und ein Waffeleisen auf hohe Hitze erwärmen. Jede Kammer des Waffeleisens mit Speck belegen, Teig einfüllen und goldbraun backen.

Grommbeerwaffele

Man nehme

- 250g Mähl
- e Päggsche Hepp
- 25 ml Melsch
- e Zwiwwel
- e killo Grommbeere, vorwiegend festkochend
- e klän Stang Laach
- 3 Aijer
- Salz, Pfeffer, gereib Mosshgat Noss
- 150 g Derrfleisch

Zubereitung

1. Dad Mähl in e Schessel dun onn enn de Medde von dem Mähl e klän Löch mache, die Heep dort erenn klän mache on mit e bessje handwaam Melsch verreere bes die Heep dren offgang es. Die reschdlisch Melsch no on no debei genn on dad ganse mit dem Mähl zume gladde Daisch verreere. Däne Daisch ameme waame Ort e halb Stonn geen losse.
2. Laach botze on enn kläne Ring schreire. Grombeere scheele on dann klän orra us In
3. Dad Derrflaisch in denne Straife schneire onn die Waffelpann gut häs mache. En jed Härz von der Waffelpann e Stegg von däm Derrflaisch lähn, Daisch errenn und dann goldbraun brore.

Österreich

Aprikosenknödel

Man nehme

- 1 kg mehlig kochende Kartoffeln (zum Beispiel der Sorte »Ackersegen«)
- Salz
- 2 Eier
- 60 g Mehl
- 16 frische Aprikosen
- 16 Stück Würfelzucker
- 200 g Semmelbrösel
- 125 g Butter
- 4 EL Puderzucker

Zubereitung

1. Die Kartoffeln schälen, würfeln und in Salzwasser garkochen. Noch heiß zerstampfen und etwas abkühlen lassen. Die Eier untermengen. Die Masse kneten und nach und nach das Mehl einarbeiten, so dass sich der Teil zu einer dicken Rolle formen lässt. Diese in 16 Scheiben zerteilen.
2. Aprikosen halbieren und entsteinen. Würfelzucker anstelle der Steine setzen.
3. Die Teigscheiben auf die angefeuchtete Handfläche legen und flachpressen. In die Mitte eine Aprikose setzen und Knödel formen.
4. In leicht gesalzenes, schwach siedendes Wasser geben. Bei schwacher Hitze 20 Minuten garen, bis die Knödel an der Oberfläche schwimmen.
5. Brösel in zerlassener Butter leicht bräunen und die fertigen Knödel darin werden. Mit Puderzucker bestreut servieren.

Marülenknödl

Zubereitung

1. De Erdepfi schöln, wirfeln und en Solzwosser weich kochn. Derweil s no haas san, zermatschgern und a bisserl auskühlen lossn. De Eia untarürn. Des Gonze knetn und zizerlweis des Mööj einorbeitn, so dos ma aus dem den Tag a dicke Rolln mochn kon. De tuat ma don in 16 Scheibn zalegn.
2. De Marüln holbiern und entkerna. Onstatt da Kerne Wirfelzucka reintuan.
3. De Tagscheibn auf de feichte Hond legen und flach zampressn. In de Mitten a Marüln setzn und Knödl mochn.
4. Knödl en leicht gsolznes, schwoch siedendes Wossa gebn. Bei schwocha Hitz 20 Minuten gorn, bis de Knödl noch oben schwimman.
5. Bresl in brauna Butta leicht braun werdn lossn und de fertign Knedel do drin wendn. Staubzucka drüba streun und serviern.

Man nehme

- 1 Kilo möhlige Erdepfi (bspw. »Ackersegen«)
- Soiz
- 2 Eia
- 6 Deka Mööl
- 16 resche Marüln
- 16 Stück Würflzucka
- 20 Deka Semmlbrösl
- 12,5 Deka Butta
- 4 EL Staubzucka

Tipps & Wissen rund um die Kartoffel

Was ist rot und kommt aus Bremen?

Das Bremen-Rätsel

Als die FAZ am 2. Januar 2014 mit dieser Zeile auf der Wirtschaftsseite titelte, begann das große Rätselraten.

Geht es um ein Gegenmodell zum klassischen Fangesang »Was ist rot und kommt aus Bremen«? Oder gar die Eroberung der norddeutschen Fußballmetropole durch Bayern-Fans (»Die Roten«)? Rot und Bremen – es könnte natürlich auch die Bremer Ökonomie-Ikone Professor Rudolf Hickel in seinem aufrechten Kampf um die demokratische Steuerung der Finanzmärkte und Steuergerechtigkeit sein. Alles falsch!

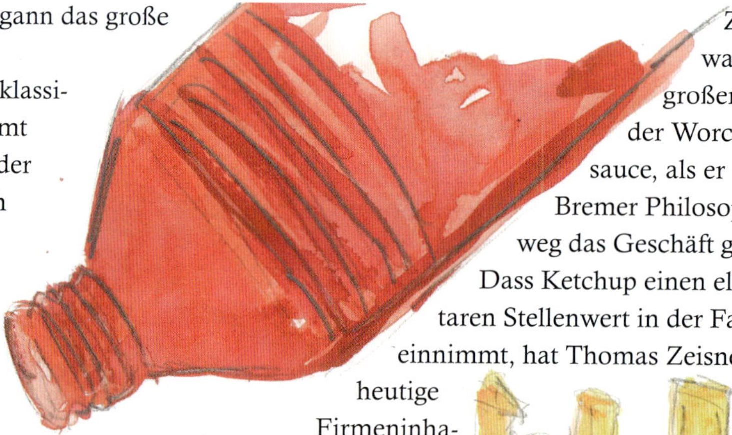

Ketchup in Bremen – mit Pioniergeist und dem richtigen Gespür seit vier Generationen

Die Antwort ist schlicht und einfach: Vor 80 Jahren wurde Ketchup in Bremen und zum ersten Mal in Deutschland produziert. Zunächst nur für den Hausgebrauch in der privaten Küche, dann in etwas größerem Umfang in einer Manufaktur in einem Bremer Patrizierhaus. Heute werden in den Produktionsanlagen in Grasberg bei Bremen bis zu 55.000 Flaschen täglich hergestellt und in die gesamte Welt geliefert.

Ketchup stellte nicht immer das wichtigste Produkt der Firma dar. Der Firmengründer Waldemar Zeisner war ein großer Freund der Worcestersauce, als er 1902 im Bremer Philosophenweg das Geschäft gründete. Dass Ketchup einen elementaren Stellenwert in der Familie einnimmt, hat Thomas Zeisner, der heutige Firmeninhaber, seinem Großvater zu verdanken. Georg Zeisner hatte sich als erster deutscher Hersteller an die Produktion von Tomatenketchup gewagt. Was davor auf den Teller kam, wurde importiert und galt in den Haushalten noch als Delikatesse.

»Ketchup hatte damals denselben Stellenwert wie Champagner, heute ist es so selbstverständlich wie Mineralwasser.«

Was ist das Besondere an der Rezeptur? Tomatenketchup wird bei der Firma Zeisner nach klassischem Rezept der 1930er-Jahre hergestellt. Der Anteil vollreifer Tomaten ist im Vergleich zu anderen Herstellern erheblich höher. Das ist das Geheimnis des fruchtigen, eher süßeren Geschmacks.

Bei der Herstellung von Ketchup erfüllen die Spezialisten auch ungewöhnliche Verbraucherwünsche. Eine übliche Variante des Curryketchups wurde bislang in den Schärfegraden eins, zwei und drei hergestellt und in Flaschen gefüllt. Als belgische Konsumenten ihren Appetit auf eine noch schärfere Mixtur laut werden ließen, hat man die Skala noch einmal um die Schärfegrade vier, fünf und sechs erweitert. Bei dieser Variante würde den Ketchupliebhabern in Deutschland vermutlich die Luft wegbleiben.

Die Belgier haben offenbar einen ganz besonderen Bezug zu den Zeisner-Produkten entwickelt. Im Mutterland der Pommes Frites ist der Appetit der Verbraucher auf Soßen und Ketchup aus Bremen/Grasberg so ausgeprägt, dass die Firma Zeisner dort inzwischen einen Marktanteil von 25 Prozent im Lebensmitteleinzelhandel hat.

»Pommes Rot/Weiß«

Nach dem kleinen Exkurs über die Herstellung des Ketchups kommt jetzt endlich der kulinarische Genuss selbst – die Zubereitung der Pommes frites. Eigentlich ganz einfach: Pommes frites, umgangssprachlich meistens Pommes oder Fritten genannt, sind frittierte, längliche Stäbchen aus Kartoffeln.

So werden sie gemacht: Mittelgroße vorwiegend festkochende Kartoffeln zum Beispiel der Sorte »Agria« schälen (inzwischen gibt es auch den Trend, auf das Schälen zu verzichten!), in Stäbchen schneiden und bei 150 Grad 15 Minuten in der Fritteuse vorgaren, herausnehmen und abtropfen lassen. Danach bei 180° C 3–5 Minuten goldbraun und knusprig frittieren. Auf Küchenpapier abtropfen lassen und würzen. Wer es noch ausgefuchster will, bereitet die Pommes so her, wie es im Rezept »Fish & Chips« beschrieben wird.

Wer keine Fritteuse hat, kann auch im Backofen goldbraune Pommes herstellen. Die geschnittenen Kartoffeln mit 2 EL Öl in einen Gefrierbeutel füllen, verschließen und kräftig durchschütteln. Die Fritten auf ein Backblech geben und bei 200° C ca. 20–30 Minuten backen. Die letzten 10 Minuten einen Kochlöffel in die Ofentür klemmen, damit die Feuchtigkeit entweichen kann. Abtropfen lassen und servieren.

Wein und Kartoffeln – Eine fast unendliche Geschichte

»... ›Wie‹, frage ich, der ich selbst nicht ungern Kartoffeln zu mir nehme – mein Kartoffelbäuchlein legt ein beredtes Zeugnis dafür ab –, ›wie, die scheinbar so biedere, menschenfreundliche, ja menschenähnliche Feldfrucht soll an allem schuld sein?‹« – In Ernst Penzoldts satirischem »Kartoffelroman« geht ein Riss durch die Powenz-Familie, der geradezu kartoffelweltanschauliche Gräben aufreißt und in ihrer Heimat sogar einen Kartoffelstreik, den »Pomme-de-Terror«, auslöst. Am guten Ende dieses von Erich Kästner einst hoch gelobten Schelmenstücks zeigt man sich gottlob wieder versöhnlich, denn ein solcher Aufstand passte so ganz und gar nicht zu den bürgerlichen Tugenden der streitenden Parteien, die sich zum glücklichen Finale natürlich beim feinen Kartoffelgericht wieder in den Armen liegen.

Nicht nur dieser satirische Blick zeigt, dass in der Volksknolle aus der Scholle etwas zutiefst Versöhnliches steckt, was sie dem Wein verwandt erscheinen lässt, aber auch aufrührerisches Potenzial, wie etwa bei der »Berliner Kartoffelrevolution« im Dunstkreis der 1848er-Unruhen, als es in weiten Teilen Europas wegen der aus Amerika eingeschleppten Kartoffelfäule zu schweren Missernten kam, die vor allem den ärmeren Schichten zusetzten, denen das Nachtschattengewächs zum Grundnahrungsmittel geworden war. Der Weinfreund mag sich hier an die Reblauskatastrophe erinnern, die im 19. Jahrhundert eine ähnlich verheerende Wirkung auf die europäischen Rebkulturen hatte – freilich ohne revolutionäre Nebenwirkungen.

Blicken wir von den Schauplätzen der »Powenzschen Weltgeschichte« in die Kochtöpfe und auf die Tafelkultur rund um den Globus, dann sind Wein und Kartoffel geradezu universelle Genusspartner – sieht man einmal von einigen Bereichen der asiatischen Küche ab, die Reis und Nudeln noch das Zepter überlässt. In der Seelentiefe der deutschen Nationalkulinarik zwischen köstlichen Bratkartoffeln, Kartoffelbrei, den unentbehrlichen »Kinderfreuden« aus Pommes frites, Kroketten und Chips ist ihr rustikaler Charme kaum wegzudenken. Und die internationale Küche beglückt uns obendrein mit recht außergewöhnlichen Kartoffelkreationen, ob als Beilage oder immer öfter als krönende Hauptattraktion auf dem Teller, wie uns die Seiten dieses Buches so sinnlich vor Augen führen. Kurz: Die »Kartoffelknolle«, die sich chamäleonhaft jedem Rezept oder Menü anzupassen scheint, präsentiert sich so wandlungsfähig und variantenreich wie der edle Rebensaft selbst. Eine erfreuliche vinokulinarische Perspektive, die wir in Anbetracht der zahllosen möglichen Rezeptideen an dieser Stelle bei Weitem nicht vollends ausloten können.

Neben einigen grundsätzlichen Gedanken sollen hier also im Folgenden vor allem solche Weine zur Sprache kommen, die zunächst nicht in der ersten Riege unter den königlichen Reben wie etwa Riesling und Spätburgunder (Pinot Noir) firmieren. Die stets hochgelobten üblichen Verdächtigen eignen sich zwar immer für kulinarische Glanzpunkte und veredeln

jede passende Speise. Weine aus jenen anderen, mitunter oft vernachlässigten Rebsorten, die sich zudem in ihren Anbaugebieten großer Beliebtheit erfreuen, scheinen mir aber in der Tendenz die überzeugend-bodenständige, gleichsam raffinierte Schlichtheit vieler der hier vorgestellten Gerichte treffend zu unterstreichen. Edle Speisen verlangen nach hochwertigen (und zumeist entsprechend hochpreisigen) Weinen; rustikalere, gleichwohl schmackhafte Gerichte versetzen auch mit einfacheren, aber deswegen nicht minder qualitätvollen (!) Tropfen in Genusslaune.

Nehmen wir zum Beispiel einen südbadischen Gutedel aus dem Markgräflerland, der gemeinhin als milder Tischwein gilt und ohne die bezaubernde Blume des Rieslings besticht, ja auch ohne seine enorme Klangfülle am Gaumen daherkommt, dafür aber ein stets zart-bekömmlicher, leichter Wein ist. Vor allem ein Gewächs, das auch von Weinfreunden mit einem säureempfindlichen Magen vertragen wird, weswegen er im Ländle wohl oft auch schon zum Frühschoppen getrunken wird. Diesen unkompliziert-süffigen »Landburschen« sollte man unbedingt frisch genießen und nicht in den Weinkeller legen. Die feineren Weine aus der Rebsorte sind durchaus gute Spielpartner zur leichteren Küche (Gerichte mit Seefisch) oder einfache Gefährten zu einem schlichten Kartoffelpfannkuchen. Desgleichen ließe sich von einer trockenen bis halbtrockenen Scheurebe erwarten. Saftig und fruchtig im Geschmack mit Anklängen an Cassis, Pfirsich und reife Birnen eignet sich dieser auch sonst sehr alltagstaugliche Tischgenosse wohl darüber hinaus als Partner zur asiatischen Küche. Auch bei dem feinen, etwas duftbetonteren Auxerrois mit seinen floralen Aromen, würzigem Geschmack und milder Säure bleiben wir noch einen Moment bei den »Leichtgewichten« unter den Weißweinen, die sich besonders zu Kartoffelkombinationen mit Süßwasserfisch, zartem Seefisch, Geflügel oder hellem Fleisch empfehlen. In diese Kategorie fällt auch der sehr beliebte Müller-Thurgau. Einst für das Schweizer Bergklima gezüchtet, findet er sich heute in Deutschland in fast allen Anbaugebieten. Unter dem Namen »Rivaner« firmieren diese Weine als elegante, mitunter sogar rassige, frischfruchtige Charaktere (Franken/Baden) mit jugendlichem Charme. Hier verbindet sich die Milde im Geschmack mit markanten Aromen in der Nase zu einem angenehmen Begleiter einiger Kartoffelgerichte in diesem Buch (Aufläufe und Pasteten, aber auch Pizza und Quiche).

Steigen wir von den leichteren zu den mittelschweren Gewächsen im Weinkosmos auf, dann kommt man um den Grauburgunder (Baden, Nahe, Pfalz) nicht herum. Eine trockene oder halbtrockene Spätlese lässt sich bestens zu einem so erdverbundenen Gericht wie einer Kartoffelsuppe mit Trüffeln denken. Der sämig-schmelzige Charakter der Suppe, akzentuiert mit den markanten Trüffelaromen, die hier eine geschmackliche Spannung setzen, verlangt nach einem etwas kräftigeren, nicht zu säurelastigen Weißwein. Mit seinen Noten von reifen Früchten, Butter und gerösteten Mandeln eignet er sich aber auch als reizvoller Begleiter zu vielen fleischlichen Genüssen (Fleisch von Schwein, Kalb, Rind oder Wild). Eine Alternative hierzu bietet vielleicht ein fruchtiger Chardonnay ohne allzu aufdringliche Holz- und Vanillenoten, der kräftig genug ist, um es etwa mit einer gerösteten Blutwurst auf Bratkartoffeln (einer Spezialität aus Österreich, wie wir hier lesen) aufzunehmen oder neben einem erhabenen Saumagen zu residieren, bestehend aus Vorderschinken, Schweinebauch, Kartoffelwürfeln, Mett, Brötchen, Eier, Salz, Pfeffer, Muskat und Majoran. Jenes Leibgericht von Altbundeskanzler Helmut Kohl wird hingegen traditionell mit einem gehaltvollen Pfälzer Riesling (Spätlese trocken, halbtrocken) gereicht, was hier nicht unerwähnt bleiben soll.

Zu feinwürzigen Speisen mit zartem Geschmack (viele Fisch- und Gemüsegerichte, auch Kartoffel-Teig- oder -Pastagerichte) gesellen sich eher leichte, nicht zu körperreiche Weine; robustere, fettreiche Gerichte hingegen verlangen nach muskulöseren Spielpartnern. Beachten sollte man außerdem, dass Kräuter und Gewürze einen nachhaltigen Einfluss auf die geschmackliche Wahrnehmung eines Weines haben. Exotische Geschmacksnoten wie Curry oder Koriander, die in der asiatischen Küche die Speisen verfeinern, würden etwa im Zusammenspiel mit einem zu säurebetonten und trockenen Riesling aggressive und harte Aromen hervorrufen. Handelt es sich außerdem noch um einen Wein mit hohem Alkoholgehalt, lässt das scharfe Gewürze noch deutlicher hervortreten. Glücklicher fährt man hier mit einem Wein, der über ausreichend Fruchtsüße, wenig Tannin (bei den roten Gewächsen) beziehungsweise genügend Schmelz verfügt, um die Schärfe der Gewürze abzumildern. Auf eine bedachte Dosierung der Aromen sollte man also achten, wie etwa bei jenen Kartoffelstreifen aus China (vorgestellt auf Seite X), bei denen der scharfe und saure Geschmackseindruck moderat ausfallen sollte, um überhaupt eine Weinempfehlung aussprechen zu können. Generell gilt es zu berücksichtigen, dass die für die Kartoffelgerichte verwendeten Aromen bedeutsamer für eine gelungene Genusspaarung sind als die Grundprodukte selbst. Die Art und Weise der Zubereitung und die Gewürze geben den Ton an für einen gewünschten harmonischen Gleichklang. Die einfachste Regel lautet: Zwischen Wein und Speisen sollten sich die wesentlichen Duft- und Aromastoffe des einen im anderen wiederfinden. Wer die Harmonie eher in der Kombination von Gegensätzen sucht, bewegt sich bereits auf einem schmalen Grat und sollte daher mit Fingerspitzengefühl und Weinkenntnis zu Werke gehen. Diese kulinarische Neugier wird aber im besten Fall auch mit außergewöhnlichen Geschmackserlebnissen entlohnt.

Für viele Weinfreunde mag etwa die Kombination aus einem guten deutschen Winzersekt (Riesling, Elbling) und Fish 'n' Chips, dem englischen Nationalgericht, abwegig klingen. Versuchen Sie es einfach, Sie werden ihren Wagemut gewiss nicht bereuen! Diese einst handlich in Zeitungspapier eingewickelte Mahlzeit für Fabrikarbeiter hat sich doch mittlerweile zum klassenlosen »Take-away-Gericht« gemausert, ist aber unter Gourmets eine immer noch weit unterschätzte Gaumenfreude. Zur Hochform läuft diese Paarung allerdings erst auf, wenn die Grundprodukte der Speise auch wertig sind und nicht als blasse Tütenkreation aus dem Fast-food-Segment stammen: Fangfrischer Steinbutt, wie ihn Heston Blumenthal vorschlägt, Schellfisch, Kabeljau, Seezunge oder Scholle in knusprigdünnem Teig bereitet, gepaart mit englischen Chips (Pommes frites) – ein Genuss! Dazu Schaumweine mit markanter Säure, die solche vermeintlich einfachen Gerichte adeln, indem sie dem Öl und dem Backteig Paroli bieten und einen erfrischenden Kontrapunkt am Gaumen setzen. Eine Prise Salz und Zitrone dürfen hier durchaus den sinnlichen Eindruck verfeinern. Bloß von dem sonst üblichen Essig, der diesem Klassiker für gewöhnlich ein pikantes i-Tüpfelchen aufsetzt, sollte man eher die Finger lassen. Vor dieser säurelastigen Zudringlichkeit kapituliert garantiert jeder Wein.

Kartoffelfeinde

Kartoffelfeind Nummer 1 ist neben der Goldnematode der Kartoffelkäfer, der Zehnstreifen-Leichtfuß. Während sich andere Schädlinge wie die Saateule – keine Eule, sondern ein Schmetterling –, der Saatschnellkäfer, der Feldmaikäfer, die Kellerassel, das Stengelälchen, die Schermaus und die Feldmaus keine auf die Kartoffelpflanzen besonders erpichte Schädlinge sind, sehen es der Kartoffelkäfer und seine Larven besonders auf Teile der Kartoffelpflanze ab. So verwundert es nicht, dass die Kartoffel sein Namensbestanteil ist. Auch im Englischen und Amerikanischen ist die Kartoffel Teil seiner Bezeichnung: »potato beetle« und »Colorado potato beetle«, seiner dortigen amerikanischen Ursprungsheimat.

Wie Nosferatu über die See in die Welt kam, so wurde der Käfer in den 1970er-Jahren mit Schiffen aus Amerika nach Europa eingeschleppt. Ihm wird wegen seiner großen Schädlichkeit massiv zu Leibe gerückt – bisher ohne endgültigen Erfolg. Der Kartoffelkäfer galt in den Zeiten des Kalten Kriegs, wie auch bereits in der NS-Zeit, als eine angeblich von den Amerikanern mittels Flugzeugen eingeschleuste biologische Kampfwaffe, mit der große Teile der Kartoffelanbauflächen befallen wurden. Das zeigt, wie der Kartoffelkäfer ganze Arbeit zu leisten in der Lage ist, wenn ihm nicht rechtzeitig der Garaus gemacht wird. In den 1950er-Jahren wurden Schulklassen nicht nur in den sogenannten Kartoffelferien zur Ernte eingesetzt, sondern tageweise auch, um die gut erkennbaren roten Larven der Käfer von den Pflanzen abzupflücken, bevor sie ihre Kahlfraßorgien vollenden. Zumindest diese Larven konnten keine Käfer mehr werden. Aber auch die Kartoffelkäfer selbst wurden in Schulklassen-Sammelaktionen abgeerntet – allerdings ohne nachhaltigen Erfolg.

Lang, lang ist es her. Bis heute ist es nicht gelungen, mit anderen Mitteln Herr über den Kartoffelkäfer zu werden. Wie unbeliebt, um es vorsichtig auszudrücken, das gelb-schwarz gestreifte Tierchen ist, kann man auch daran erkennen, dass zum Beispiel Schalkefans die Borussen vom Borsigplatz auch gerne als Kartoffelkäfer beschimpfen.

Der Goldnematode ist ein Fadenwurm, der nur eines kennt, nämlich die Wurzeln der Kartoffelpflanze zu befallen. Ihr Wachstum wird massiv gehemmt. Die Goldnematoden unschädlich zu machen, ist bisher noch nicht gelungen.

Auch die Kartoffelkrankheiten sind zahlreich. Pilze, Bakterien und Viren können den Kartoffelpflanzen das Leben schwer machen, sogar ihr Überleben verhindern. Wie sehr Kartoffelkrankheiten sogar Hungersnöte verursachten, hat sich bei der »Großen Hungersnot« (»The Great Famine«) Mitte des 19. Jahrhunderts in Irland gezeigt. Ein aus Nordamerika eingeschleppter Pilz griff das Kartoffelkraut an. Seine Sporen gelangten in die Böden, machten sich über die Kartoffelknollen her und ließen sie verfaulen. Die Krankheit breitete sich rasend aus. Mehrere Missernten vernichteten die Hauptnahrungsquelle der irischen Bevölkerung. Rund eine Million Iren, über zehn Prozent der Bevölkerung, verhungerten. Eine Auswanderungswelle nach Kanada, USA und Australien war die Folge und dezimierte die Bevölkerung weiter.

Deutschland

Schaumgebäck vom Zehnstreifen-Leichtfuß (Leptinotarsa decemlineata) auf Feigen

Man nehme

- 40 Zehnstreifen-Leichtfüsse
- 4 reife Feigen
- 50 g Puderzucker
- 1 Eiweiß
- 1 kleine Prise Salz

Zubereitung

1. Die Zehnstreifen-Leichtfüsse bei 170° C (Umluft 150° C) 30 Minuten rösten. Abkühlen lassen. Jeweils eine kleine Menge zwischen den Handflächen rebeln, damit die Glieder abfallen. In einem Mörser oder Mixer ohne die Glieder pulverisieren. Eiweiß und Salzprise mit einem Schneebesen sehr steif schlagen. Dabei Puderzucker nach und nach hinzugeben. Eischnee mit dem Pulver mischen. Die Masse in einen Spritzsack mit einer mittelgroßen Tülle füllen und in kleinen Mengen auf Backpapier spritzen. Eine knappe Stunde im auf 100° C (Umluft ungeeignet) vorgeheizten Backofen trocknen lassen. Den Backofen ausschalten und im geschlossenen Backofen auskühlen lassen.
2. Feigen waschen und in Scheiben schneiden. Jeweils drei Scheiben auf vier Teller verteilen. Endstücke der Feigen nicht verwenden.
3. Schaumgebäckstückchen mittig auf die Feigenscheiben setzen.

Als Begleitwein passt eine gelbe Muskateller-Spätlese

Quelle: Psychrembel, S. 267. A., Berlin 2015

Sprachliche, künstlerische und sonstige Nutzung der »Kartoffel«

Wie es gekommen ist, ist nicht so klar. Warum muss gerade die Kartoffel für alles Mögliche herhalten, sogar Schimpfwortbestandteil sein? In einigen Fällen mag es am Aussehen der Kartoffel und der bedachten Person oder einem Körperteil von ihr liegen. Aber nicht immer gibt es einen Bezug zur Kartoffelform.

Kartoffelbovist – runder Bovist, der in Farbe und Form einer Kartoffel ähnlich sieht und, wenn er reif ist und platzt, ganz übel riechenden, grünlichen Sporenstaub verbreitet.

Kartoffelf…r – Til Schweiger mit Bob-Marley-Haartracht bekommt zu Recht eine reingehauen. So etwas sagt man nicht, auch nicht in einem Fußballspiel zu einem gegnerischen Spieler.

Kartoffelfresser – beliebte Bezeichnung für Deutsche, auch wenn sie lieber anderes essen (siehe »Kartoffelmuffel«).

Kartoffelhengste –nannten die Königsberger die Bauern aus den Dörfern Lawsken und Metgethen, die die Stadt auf Pferdefuhrwerken mit Kartoffeln versorgten.

Kartoffelkäfer – siehe Kapitel »Kartoffelfeinde«.

Kartoffelkopf – Filmfigur »Herr Kartoffelkopf«. Nomen est omen.

Kartoffelmuffel – sind die, vor allem Kinder, die keine Kartoffeln mögen, sondern zum Beispiel Nudeln bevorzugen.

Kartoffelnase – knollenähnliche Wucherung der Nase (Rhinophym) bei Männern, deshalb auch Knollennase genannt. Unangenehm.

Kartoffelpolke – eine Arbeit, die Sigmar Polke 1969 realisierte, war ein »Apparat, mit dem eine Kartoffel eine andere umkreisen kann«. Deshalb nannte man ihn auch den Kartoffelpolke, obwohl er in Wirklichkeit auch der Punktepolke und Sonstwaspolke war. Im Kartoffelkeller fand Sigmar Polke, was er suchte: ein Sinnbild für die künstlerische Kreativität: »Ja, wenn es überhaupt etwas gibt, auf das all jenes zutrifft, was immer wieder am Künstler diskutiert wird: Innovationsfreude, Kreativität, Spontaneität, Produktivität, das Schaffen ganz aus sich heraus usw. – dann ist das die Kartoffel.«

Kartoffelsack – kartoffelsackähnliches Kleidungsstück.

Marzipankartoffel – durch ihre äußerliche Ähnlichkeit mit einer (allerdings sehr kleinen) Kartoffel erhielt diese Nascherei ihren Namen.

Bratkartoffelverhältnis – arg umständlich beschreibt es der Duden: »Von einem Mann bestimmter äußerer Annehmlichkeiten wegen unterhaltenes [Verhältnis], bei dem von seiner Seite keine wirkliche Bindung besteht.« Ob die Definition aber immer stimmt, ist strittig. Denn manchmal folgt einem Bratkartoffelverhältnis eine Pellkartoffelhochzeit.

Couch-Potato – im Gegensatz zur Mouse-Potato, die die meiste Zeit vor dem Computer verbringt, liegt die Couch-Potato in ihrer Freizeit gerne Junk-Food-essend auf einem Sofa und sieht fern. Eine berühmte Couch-Potato ist Homer Simpson.

Der Kartoffel – einfältiger, ungeschickter, unbeholfener Mensch.

Für die, die noch mehr über die Kartoffel wissen möchten

- Ingrid Haslinger: Es möge Erdäpfel regnen: eine Kulturgeschichte der Kartoffel. Mandelbaum, Wien 2007.
- Helmut Ottenjann: Die Kartoffel. Geschichte und Zukunft einer Kulturpflanze. Museumsdorf, Cloppenburg 1992.
- Hans-Peter Stamp: ... und weiß wie Alabaster: Eine Kulturgeschichte der Kartoffel. Wacholtz, Neumünster 2013.
- Uwe Timm: Johannisnacht. Kiepenheuer & Witsch, Köln 1996.
- Larry Zuckerman: Die Geschichte der Kartoffel: Von den Anden bis in die Friteuse. Claassen, Berlin 2004.
- Joël Robuchon: Kartoffel Zaubereien. Wilhelm Heyne Verlag, München 1955 – antiquarisch noch gut zu erwerben. *(Ein Kochbuch muss sein: J. R. ist seit 1978 ein »MOF« und seit 1990 »Koch des Jahrhunderts« – antiquarisch noch erhältlich: sehr zu empfehlen.)*

Alphabetisches Rezeptverzeichnis

Das Team hinter dem Buch

Autoren

Henning Lühr ist Jurist und Staatsrat im Finanzressort der Freien Hansestadt Bremen. Seine erste Begeisterung fürs Kochen hat er bereits in jungen Jahren in der Küche des elterlichen Bauernhofs entwickelt, in der studentischen Wohngemeinschaft sowie als Hobbykoch verfeinert.

Lothar Spielhoff ist Jurist, Pensionär und Hobbykoch.

Karl-Josef Krötz ist Ratskellermeister und Chef des Ratskeller-Weinhandels in Bremen. Er ist einer der anerkanntesten Weinexperten in Deutschland und Mitglied in Jurys für die Auswahl von Spitzenweinen.

Bilder/Illustrationen

Udo Reinfeld, Innenarchitekt, hingebungsvoller Gemüsezüchter, leidenschaftlicher Tennisspieler und Liebhaber der Malerei.

Henning Lühr hat für dieses Kochbuch seine Leidenschaft fürs Zeichnen und Aquarellieren wieder reaktiviert.

Ulrike Zipp ist Malerin und betreibt in Worpswede ein Atelier. Bevor sie nach Bremen zog, lebte sie in Südhessen. Kochen ist für sie Seelennahrung.

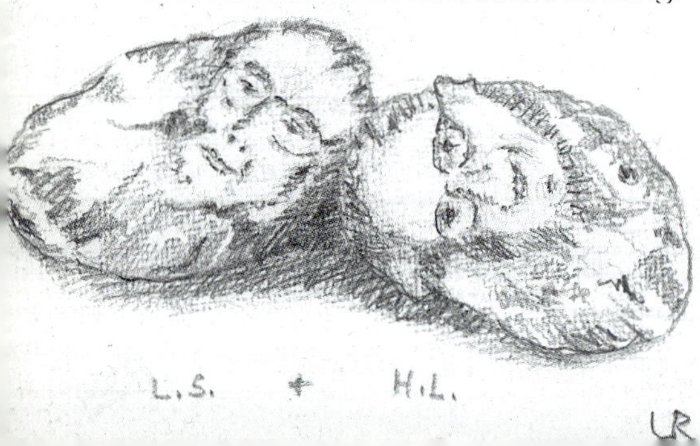

Landeskundige und regionale Beraterinnen und Berater – Übersetzungen

Australien
Till Spielhoff, Einwanderer in Australien und Hobbykoch.
Cristine Mackenzie, Direktorin der Yarra Plenty Libary in Melbourne und Hobbyköchin.

China
Wen Que ist Chinesin und lebt seit einigen Jahren in Bremen. Arbeitet als Übersetzerin und Touristenführerin.

Deutschland | Norddeutschland
Henning Lühr liebt die deftige norddeutsche Küche und die plattdeutsche Sprache.

England | Irland | USA
Martin Hagen, IT-Direktor der Bremer Verwaltung, aufgewachsen in Oldenburg, Aufenthalt in Amerika, lebt in Bremen.

Finnland
Ulla-Maija Haak hat finnische Wurzeln. Studium und Tätigkeit als Lehrerin in Bremen.

Frankreich
Kathrin Rabus, Galeristin für zeitgenössische Kunst, Veranstaltung von Foren für Neue Musik und Film, Kulturprojekte, Mitglied im Rundfunkrat ARTE und im Programmbeirat der ARD, lebt in Bremen, Paris und Südfrankreich.

Georgien
Inga Sinjikashvili, Mitarbeiterin der Deutschen Gesellschaft für Internationale Zusammenarbeit (GIZ) GmbH in Tiflis, Georgien.

Griechenland
Dimitros Papagelis arbeitet als Dipl.-Ing. im Mercedeswerk Bremen, ist gebürtiger Grieche und lebt in Bremen.

Indien
Christina Kläne hat u. a. Indiologie studiert und leitet die wissenschaftliche Dokumentation einer Bremer Raumfahrtfirma.

Iran
Sima Shahidi lebt in Teheran.

Italien
Dorothee Hock, Mitarbeiterin der Casa di Goethe in Rom.

Japan
Mashiro Ito, Germanistin, Mitarbeiterin der Japanischen Nationalbibliothek, lebt mit ihrem Mann in Tokio.

Kolumbien | Peru
Felipe Barona, Einwanderer aus Kolumbien, übersetzte mit seiner Frau ***Nannette Scriba*** aus Ludwigsburg.

Kroatien
Marina Marijic hat kroatische Wurzeln, arbeitet als Dipl.-Ingenieurin in Bremen.

Madagaskar
Aude Pichon ist Studentin an der Hochschule Bremen.

Mauritius
Fiona Kau, Bremerin, studiert in München, lebte mehrere Monate auf Mauritius.

Mexiko | Argentinien
Claudia Iliana Gomez Romero, wissenschaftliche Mitarbeiterin an der Hochschule Bremen im Bereich der Koordinierung internationaler Studiengänge, aufgewachsen in Mexiko, lebt in Bremen und liebt die Bremer Küche.

Neuseeland
Maren Lohkemper, Studentin, lebt auf einer Farm in Neuseeland.

Nicaragua
Henning Lühr war viele Jahre in der Städtepartnerschaft Bremen-Corinto engagiert.
Claudia Iliana Gomez Romeo hat die Übersetzungen ins Spanische vorgenommen.

Niederlande
Ton van Vlimmeren, Bibliothekschef in Utrecht.

Österreich
Gerald Leitner, Literaturwissenschaftler, Präsident des Österreichischen Büchereiverbandes. Er ist ein Freund der internationalen Küche.
Herbert Kubicek ist IT-Experte mit Wiener Wurzeln.
Johannes Feest, gelernter Wiener, stammt aus Böhmen und schreibt vor allem für Wikipedia.

Peru | Norwegen
Sigvor Bakke-Seek, Norwegerin, lebt in Bremen und ist tätig als Coach, Beraterin, Trainerin und Moderatorin. Sie hat einige Jahre in Peru gelebt.

Polen
Bernhard Woitalla hat polnische Wurzeln. Studium und Tätigkeit im Aus- und Fortbildungszentrum für den bremischen Öffentlichen Dienst in Bremen.

Portugal | Brasilien
Uschi & Ecki Buchberger leben schon viele Jahre in Portugal.

Rheinland
Hannelore Kubicek, Kölnerin, die in Bremen lebt, Hobbyköchin.

Rumänien
Alice Kanterian, gebürtig in Rumänien, Studium an der Universität Bremen, arbeitet als internationale Konferenzdolmetscherin in Bremen.

Russland | Turkmenistan
Anna Tenjotkina, Kulturwissenschaftlerin beim Goethe-Institut Moskau, lebt in Moskau.
Barbara Lison, Slavistin, ist Direktorin der Stadtbibliothek Bremen, Hobbyköchin.

Saarland | Rheinland-Pfalz
Hans-Peter Schneider, Saarländer, lebt und arbeitet in Bremen als Messechef und WfB-Geschäftsführer.

Schweden
Sven Hallonsten lebt in Stockholm und arbeitet als Theologe.

Schweiz
Nilgün Wacker, selbstständige Kosmetikerin, als Türkin in der Schweiz aufgewachsen, lebt seit einigen Jahren in Bremen und kocht fantastisch.

Spanien
Angela Pons, Köchin, betreibt »La cuina des angels« in Mahon auf Menorca.

Syrien
Khaldun Saidafi ist als Kind deutsch-syrischer Eltern aufgewachsen, Inhaber des Restaurant »La Cantina« im Haus des Reichs in Bremen.

Thailand
Nittaya Neumann, Thailänderin, lebt in Paderborn.

Tschechien
Libuse Cerna hat tschechische Wurzeln, ist Redakteurin bei Radio Bremen und Vorsitzende des Rates für Integration in Bremen.

Türkei
Bülent Uzuner hat türkische Wurzeln, arbeitet als Unternehmensberater in Bremen.

Ukraine
Nadiia Rozhko, Mitarbeiterin der Deutschen Gesellschaft für Internationale Zusammenarbeit (GIZ) GmbH in Kiew.

Ungarn
Edit Almár ist bei einer Druckereiagentur in Budapest tätig. www.interpress.eu

Vietnam
Thang Pham, Kaufmann, lebt in Saigon und Bremen.

Westfalen/Lipper Land
Georg Westerhoff lebt in Heepen in Westfalen und ist Experte für alles Westfälische.
Susanne Riedel arbeitet in der Leitung der Universitätsbibliothek Bielefeld.

Weitere Bücher aus dem KellnerVerlag

Ebenfalls von Henning Lühr ...

Henning Lühr

Schon in der 3. Auflage:

Internationales Grünkohl-Kochbuch

50 Rezepte aus 27 Ländern

Der Bremer Staatsrat Henning Lühr zeigt, welche internationalen Variationen mit der »urdeutschen« Leibspeise möglich sind. Ob türkische, russische oder finnische Grünkohlsuppe, Grünkohlsalate, -eintöpfe, -aufläufe oder sogar Grünkohlkuchen – hier finden Sie alle Rezepte auf Deutsch und in der jeweiligen Landessprache. Ergänzt durch die Geschichte der Einwanderung des Grünkohls nach Deutschland. Mit hübschen Aquarellen vom Autor und von Karin Hollweg illustriert, der erfolgreiche Start in die internationale Kochbuch-Reihe des KellnerVerlags!

132 Seiten, 21 x 21 cm
Hardcover, mit zahlreichen farbigen Aquarellen
ISBN 978-3-939928-71-3, ***€ 16,90***

Henning Lühr / Lothar Spielhoff

Internationales Spargel-Kochbuch

70 Rezepte aus 33 Ländern

Leckere Spargelrezepte aus aller Welt in Deutsch und der jeweiligen Landessprache. Ob grün oder weiß, im Dessert oder Salat, hier ist für jeden Gaumen etwas dabei. Probieren Sie Neues aus: das norwegische Spargelschiffchen oder indisches Spargel-Chutney.
Gespickt mit vielen Aquarellen ist das Spargel-Kochbuch liebevoll illustriert. Die Autoren liefern landwirtschaftliche Informationen und Wissenswertes aus der Migrationsgeschichte des Spargels sowie Tipps, die über das Übliche hinausgehen: Die Spargelfeinde; Spargel und Wein, der kulinarische Klassiker. Eine Delikatesse mit Heilwirkung!

132 Seiten, 21 x 21 cm, Hardcover, mit zahlreichen farbigen Aquarellen,
ISBN 978-3-95651-034-2, ***€ 16,90***

Das Präsent:

Alle drei Kochbücher, die mit den Hinweisen auf den Migrationshintergrund der Gemüsearten, zusammen für nur € 40,00

ISBN 978-3-95651-049-6

Henning Lühr

2. Auflage

Drahtzieher und Kofferträger

Satirischer Wegweiser Insiderjargon aus Politik und Bürokratie endlich verstehen...

... ist das Anliegen von Staatsrat Lühr, der aus seinem eigenen Büroalltag weiß, wer »Häuptling Große Schnauze« ist und welche Ziele »All-Round-Dilettanten« in »Bürokratien« verfolgen. Hier werden über 800 Insider-Begriffe unterhaltsam-ironisch erläutert.

184 Seiten, 13,5 x 21 cm, Softcover,
mit zahlreichen farbigen Abbildungen des Autors
ISBN 978-3-939928-82-9, ***€ 12,90***
Auch als E-Book: ISBN 978-3-939928-82-9

Henning Lühr

Management by...

140 Cartoons amüsanter Satire zum Büroalltag

Mit einem zwinkernden Auge erläutert der Bremer Staatsrat Lühr anhand ironisch-aufschlussreicher Merksprüche die »besten« Managementkonzepte und wird dabei vom Cartoonisten Roland Bühs unterstützt. Ein amüsantes Nachschlagewerk, um »nette« Kolleginnen/Kollegen und Vorgesetzte trefflich zu klassifizieren.

264 Seiten, 21 x 15 cm, Hardcover, mit 140 Cartoons
ISBN 978-3-939928-36-2, ***€ 9,90***

Erhältlich im Buchhandel (auf Bestellung) oder direkt beim KellnerVerlag • St.-Pauli-Deich 3 • 28199 Bremen
Tel. 0421-77866 • Fax 0421-704058 • buchservice@kellnerverlag.de • www.kellnerverlag.de